CODE GÉNÉRAL

DES

LOIS FRANÇAISES.

SUPPLÉMENT DE 1863.

PARIS,
IMPRIMERIE ET LIBRAIRIE GÉNÉRALE DE JURISPRUDENCE.
COSSE ET MARCHAL, IMPRIMEURS-ÉDITEURS,
LIBRAIRES DE LA COUR DE CASSATION,
Place Dauphine, 27.

1863

ANNOTATIONS.

Après avoir recueilli toutes les lois et les décrets usuels d'intérêt général promulgués depuis notre Supplément de 1862, nous avons recherché dans le Code les dispositions antérieures qui pouvaient être abrogées, modifiées ou remplacées par ces nouveaux textes.

Les annotations ou références que nous allons indiquer sont le résultat de ce travail. Si elles sont faites avec soin, suivant nos indications, par chacun des abonnés, qui peuvent, au reste, sans difficulté, les confier à un clerc ou à toute autre personne, leur Code se trouvera toujours au courant de la législation nouvelle, comme nous l'avons annoncé dans notre Introduction (p. XI).

Pour éviter à chacun d'eux de perdre un temps précieux, nous avons voulu borner ce petit travail annuel à l'inscription d'un numéro dans chaque partie des textes anciens affectés par les lois nouvelles.

Ces numéros, une fois inscrits à la place indiquée ci-après, ne représenteront rien autre chose que les renvois des notes ordinaires. Seulement, tandis que les chiffres des notes ordinaires renvoient les lecteurs au bas de la page, ceux-ci les renverront au Supplément, où se trouveront, sous le numéro indiqué, les dispositions nouvelles concernant la loi ou l'article de loi qu'ils auront à consulter.

Pages.		
	1re partie.	
48.	En marge de l'ordonnance du 25 mai 1844, *inscrire*. . . .	S. n° 450.
49.	Au bas de la section, *inscrire*.	S. n° 450.
76.	Au bas de la section, *inscrire*.	S. n° 501.
77.	En marge des art. 4 et 5 de la loi du 28 pluv. an VIII, *inscrire*.	S. nos 468, 475.
80.	Au bas de la section, *inscrire*.	S. nos 468, 470, 475.
	2e partie.	
296.	Au bas de la section, *inscrire*.	S. n° 455.
322.	En marge de l'art. 1er du décret du 29 août 1813, *inscrire*. .	S. n° 436.
345.	En marge de l'art. 1er du décret du 16 fév. 1807, *inscrire*. .	S. n° 466.
351.	En marge de l'art. 16 de l'ordonn. du 10 oct. 1841, *inscrire*. .	S. n° 466.
355.	En marge de l'art. 3 du décret du 28 mai 1854, *inscrire*. . .	S. n° 465.
356.	En marge des art. 5 et 10 du décret du 28 mai 1854, *inscrire*.	S. n° 465.
356.	Au bas de la section, *inscrire*.	S. nos 465, 466.
385.	En marge de l'art. 7 de la loi du 15 mai 1850, *inscrire*. . .	S. n° 487, art. 11.
386.	En marge de l'art. 14 de la loi du 5 juin 1850, *inscrire*. . .	S. n° 487, art. 6 à 9.
390.	Au bas de la section, *inscrire*.	Suppl. n° 487.
	3e partie.	
4.	En marge du tit. 3 du liv. 1er du Code de commerce, *inscrire*.	S. n° 493.
4.	En marge des art. 27 et 28 du Code de commerce, *inscrire*. .	S. n° 483.
8.	En marge des art. 91 à 95 du Code de commerce, *inscrire*. .	S. n° 494.
75.	Au bas de la section, *inscrire*.	S. nos 446, 447, 460.
82.	En marge de l'art. 9 de la loi du 28 ventôse an IX, *inscrire*.	S. n° 458, art. 4.
83.	En marge de l'art. 19 de l'arrêté du 29 germinal an IX, *inscrire*.	S. n° 454.
87.	Au bas de la section, *inscrire*..	S. nos 451, 458, 472 et 498.
106.	En marge de l'art. 50 de l'ordonn. du 15 nov. 1846, *inscrire*.	S. n° 487, art. 10.
110.	Au bas de la section, *inscrire*.	S. n° 451.
119.	Au bas de la section, *inscrire*.	S. n° 456.
145.	En marge du titre de la loi du 25 avril 1844, *inscrire*. . . .	S. n° 487, art. 3.
183.	En marge de l'ordonnance du 23 mars 1843, *inscrire*. . . .	S. n° 502.
183.	En marge de l'ordonnance du 17 janv. 1846, *inscrire*. . . .	S. n° 503.
192.	Au bas de la section, *inscrire*.	S. n° 461.
216.	En marge des art. 59 à 68 de la loi du 28 avril 1816, *inscrire*.	S. n° 491, art. 31.
218.	En marge des art. 43 et 44 de la loi du 21 avril 1818, *inscrire*.	S. n° 491, art. 31.
218.	En marge des art. 51 à 59 de la loi du 21 avril 1818, *inscrire*.	S. n° 491, art. 21.
219.	En marge des art. 1, 2 et 3 de la loi du 9 fév. 1832, *inscrire*.	S. n° 491, art. 10.
221.	En marge des art. 12 et 13 de la loi du 9 fev. 1832, *inscrire*.	S. n° 491, art. 15, 16.
225.	Au bas de la section, *inscrire*. . . .	S. nos 424, art. 16, 457, 467, 479 et 497.
	4e partie.	
6.	En marge des art. 32 et suiv., Cod. inst. crim., *inscrire*. . .	S. n° 492.
59.	Au bas de la section, *inscrire*.	S. n° 492.
96 et suiv.	En marge des art. 57, 58, 132, 133, 134, 135, 138, 142, 143, 149, 153, 151, 155, 156, 157, 158, 159, 160, 161, 164, 174, 177, 179, 222, 223, 224, 225, 228, 230, 238, 241, 251, 279, 305, 306, 307, 308, 309, 310, 311, 312, 320, 330, 331, 333, 345, 361, 362, 363, 364, 366, 382, 385, 387, 389, 399, 400, 405, 408, 418, 423, 434, 437, 443 et 463, Code pénal, *inscrire*.	S. n° 489.

Voir la suite des annotations à la page 3 de la couverture.

SUPPLÉMENT.

ANNÉE 1863.

446

21 juin 1862 (11e série, n° 10,685).—*Règlement pour servir à l'exécution, en ce qui concerne la comptabilité des chancelleries diplomatiques et consulaires, du décret impérial du 31 mai 1862 (1), portant règlement général sur la comptabilité publique.*

447

22 juin 1862 (11e série, n° 10,686).—*Décret impérial qui soumet à une taxe proportionnelle les recouvrements de créances ou de successions opérés pour le compte des particuliers par les soins des chancelleries diplomatiques et consulaires.*

Art. 1er. Les recouvrements de créances ou de successions opérés pour le compte des particuliers par les soins des chancelleries de nos missions diplomatiques, de nos consulats et de nos agents vice-consuls seront, à partir du 1er octobre 1862, soumis à une taxe proportionnelle de deux pour cent sur le montant des sommes recouvrées.

2. Cette taxe ne pourra être perçue sur toute somme recouvrée qui serait déjà passible du droit de dépôt, en raison de sa consignation dans les caisses de chancellerie.

448

28 août 1862 (11e série, n° 10,659). — *Décret impérial concernant les actes authentiques à passer dans les quartiers et les appositions et levées de scellés à la Guyane française.*

449

28 août 1862 (11e série, n° 10,660). — *Décret impérial sur la transcription en matière hypothécaire au Sénégal, dans l'Inde et aux îles Saint-Pierre et Miquelon.*

450

29 août 1862 (11e série, n° 10,694). — *Décret impérial modifiant l'organisation du Culte israélite.*

451

1er septembre 1862 (11e série, n° 10,601).— *Décret impérial relatif au service de surveillance des chemins de fer* (2).

452

2 septembre 1862 (11e série, n° 10,661).—*Décret impérial qui déclare applicable aux colonies l'article 1er de la loi du 26 mars 1855* (1), *sur la contrainte par corps.*

453

2 septembre 1862 (11e série, n° 10,662).—*Décret impérial qui rend exécutoire dans les colonies de la Martinique, de la Guadeloupe, de la Réunion, de la Guyane, du Sénégal et de l'Inde, l'ordonnance du 16 mai 1835* (2), *sur les appels relatifs aux séparations de corps.*

454

15 septembre 1862 (11e série, n° 10,654).—*Décret impérial relatif à l'établissement des parquets pour la négociation des effets publics.*

Article unique. A l'avenir, les parquets pour la négociation des effets publics ne pourront être établis que par des décrets rendus sur la proposition de nos ministres secrétaires d'État aux départements des finances, et de l'agriculture, du commerce et des travaux publics.

455

22 septembre 1862 (11e série, n° 10,641). — *Décret impérial portant augmentation de divers traitements dans l'ordre judiciaire.*

456

24 septembre 1862 (11e série, n° 10,626). — *Décret impérial portant promulgation de la convention littéraire conclue, le 29 juin 1862, entre la France et le royaume d'Italie.*

457

24 septembre 1862 (11e série, n° 10,634). — *Décret impérial portant promulgation de la convention consulaire conclue, le 26 juillet 1862, entre la France et le royaume d'Italie.*

(1) V. Supp., n° 446.

(2) Ce décret place le service de surveillance des chemins de fer institué par le décret du 22 févr. 1855 (V. Supp. de 1856, p. 2), sous la direction de cinq commissaires divisionnaires de police qui doivent être nommés par l'Empereur.

(1) V. 3e partie, p. 58.

(2) V. 2e partie, p. 288, à la note.

458

1er octobre 1862 (11e série, n° 10,674). — *Décret impérial concernant les agents de change.*

ART. 1er. Les agents de change ne peuvent user de la faculté de présenter leurs successeurs qu'en faveur des candidats qui ont obtenu préalablement l'agrément de la chambre syndicale de la compagnie, et avec lesquels ils ont traité des conditions de leur démission par un acte soumis au ministre des finances et approuvé par lui.

2. Nul ne peut être agent de change, s'il n'est Français ;

S'il n'a vingt-cinq ans accomplis ;

S'il ne produit un certificat d'aptitude et d'honorabilité signé par les chefs de plusieurs maisons de banque et de commerce.

3. La présentation des candidats par les chambres syndicales est adressée :

A Paris, au ministre des finances, directement ;

Dans les départements, au préfet, qui transmet les demandes au ministre, avec son avis motivé.

Cette présentation est accompagnée de la démission du titulaire, du traité passé avec lui et des pièces établissant que les conditions prescrites par les art. 1 et 2 ont été remplies.

4. L'agent de change nommé par l'Empereur ne peut être admis à prêter le serment prescrit par l'article 16 du sénatus-consulte du 25 décembre 1852 (1), ni entrer en fonctions qu'autant qu'il a justifié du versement au Trésor de son cautionnement.

Ce cautionnement est fixé ainsi qu'il suit :

A Paris, deux cent cinquante mille francs ;

A Lyon, quarante mille francs ;

A Marseille et à Bordeaux, trente mille francs ;

A Toulouse et à Lille, douze mille francs.

5. Les titulaires actuellement en possession des offices d'agent de change sont tenus de compléter le cautionnement exigé par l'article 4 en deux termes égaux : le premier, dans les six mois qui suivront la promulgation du présent décret, et le second, six mois après.

6. Les agents de change sont tenus, lorsqu'ils en sont requis par les parties, de délivrer récépissé des sommes qui leur sont versées et des valeurs qui leur sont déposées.

7. Il est interdit aux agents de change d'avoir, soit en France, sur une place autre que celle pour laquelle ils auront été nommés, soit à l'étranger, des délégués chargés de les représenter ou de leur transmettre directement des ordres.

8. Lorsque les agents de change se sont adjoint des bailleurs de fonds intéressés, les actes qui ont été passés à cet égard, après avoir été communiqués à la chambre syndicale et au ministre des finances, sont publiés par extrait, conformément aux dispositions des articles 42 et suivants du Code de commerce (2).

459

7 octobre 1862 (11e série, n° 10,676). — *Décret impérial portant que les formes et les effigies, ainsi que le mode d'apposition des empreintes du timbre à l'extraordinaire, sont les mêmes au Sénégal que ceux en usage en France.*

460

7 octobre 1862 (11e série, n° 10,687). — *Décret impérial portant que les trois catégories du tarif des chancelleries consulaires seront réduites à deux, à partir du 1er janvier 1863.*

461

25 octobre 1862 (11e série, n° 10,845). — *Décret impérial sur les mesures de précaution à prendre en mer pour éviter les abordages.*

ART. 1er. A dater du 1er juin 1863, les bâtiments de la marine impériale, ainsi que les navires du commerce, seront assujettis aux prescriptions ci-après, qui ont pour objet de prévenir les abordages.

Dans les règles qui suivent, tout navire à vapeur qui ne marche qu'à l'aide de ses voiles est considéré comme navire à voiles ; et tout navire dont la machine est en action, quelle que soit sa voilure, est considéré comme navire à vapeur.

Règles relatives aux feux et aux signaux en temps de brume.

2. Les feux mentionnés aux articles suivants doivent être portés, à l'exclusion de tous autres, par tous les temps, entre le coucher et le lever du soleil.

3. Les navires à vapeur, lorsqu'ils sont en marche, portent les feux ci-après :

(a) *En tête du mât de misaine*, un feu blanc placé de manière à fournir un rayonnement uniforme et non interrompu dans tout le parcours d'un arc horizontal de vingt quarts du compas, qui se compte depuis l'avant jusqu'à deux quarts en arrière du travers de chaque bord, et d'une portée telle qu'il puisse être visible à cinq milles au moins de distance, par une nuit sombre, mais sans brume ;

(b) *A tribord*, un feu vert établi de façon à projeter une lumière uniforme et non interrompue sur un arc horizontal de dix quarts du compas, qui est compris entre l'avant du navire, et deux quarts sur l'arrière du travers à tribord, et d'une portée telle qu'il puisse être visible à deux milles au moins de distance, par une nuit sombre, mais sans brume ;

(c) *A bâbord*, un feu rouge construit de façon à projeter une lumière uniforme et non interrompue sur un arc horizontal de dix quarts du compas, qui est compris entre l'avant du navire, et deux quarts sur l'arrière du travers à bâbord, et d'une portée telle qu'il puisse être visible à deux milles au moins de distance, par une nuit sombre, mais sans brume.

(d) Ces feux de côté sont pourvus, en dedans du bord, d'écrans dirigés de l'arrière à l'avant, et s'étendant à quatre-vingt-dix centimètres en avant de la lumière, afin que le feu vert ne puisse pas être aperçu de bâbord avant, et le feu rouge de tribord avant.

4. Les navires à vapeur, quand ils remorquent, doivent, indépendamment de leurs feux de côté, porter deux feux blancs verticaux en tête de mât, qui servent à les distinguer des autres navires à vapeur. Ces feux sont semblables au feu unique de tête de mât que portent les navires à vapeur ordinaires.

5. Les bâtiments à voiles, lorsqu'ils font route à la voile ou en remorque, portent les mêmes feux que les bâtiments à vapeur en marche, à l'exception du feu blanc du mât de misaine, dont ils ne doivent jamais faire usage.

6. Lorsque des bâtiments à voiles sont d'assez faible dimension pour que leurs feux verts et rouges ne puissent pas être fixés d'une manière permanente, ces feux sont néanmoins tenus allumés sur le pont à leurs bords respectifs, prêts à être montrés instantanément à tout navire dont on constaterait l'approche, et assez à temps pour prévenir l'abordage.

Ces fanaux portatifs, pendant cette exhibition, sont tenus autant en vue que possible, et présentés de telle

(1) V. 1re partie, p. 11.
(2) V. 3e partie, p. 3.

sorte que le feu vert ne puisse être aperçu de bâbord avant, et le feu rouge de tribord avant.

Pour rendre ces prescriptions d'une application plus certaine et plus facile, les fanaux sont peints extérieurement de la couleur du feu qu'ils contiennent, et doivent être pourvus d'écrans convenables.

7. Les bâtiments tant à voiles qu'à vapeur, mouillés sur une rade, dans un chenal ou sur une ligne fréquentée, portent, depuis le coucher jusqu'au lever du soleil, un feu blanc placé à une hauteur qui n'excède pas six mètres au-dessus du plat-bord et projetant une lumière uniforme et non interrompue tout autour de l'horizon à la distance d'au moins un mille.

8. Les bateaux-pilotes à voiles ne sont pas assujettis à porter les mêmes feux que ceux exigés pour les autres navires à voiles; mais ils doivent avoir en tête de mât un feu blanc visible de tous les points de l'horizon, et de plus montrer un feu de quart d'heure en quart d'heure.

9. Les bateaux de pêche non pontés et tous les autres bateaux également non pontés ne sont pas tenus de porter les feux de côté exigés pour les autres navires; mais ils doivent, s'ils ne sont pas pourvus de semblables feux, se servir d'un fanal muni sur l'un de ses côtés d'une glissoire verte, et sur l'autre d'une glissoire rouge, de façon qu'à l'approche d'un navire ils puissent montrer ce fanal en temps opportun pour prévenir l'abordage, en ayant soin que le feu vert ne puisse être aperçu de bâbord, et le feu rouge de tribord.

Les navires de pêche et les bateaux non pontés qui sont à l'ancre ou qui ayant leurs filets dehors sont stationnaires, doivent montrer un feu blanc.

Ces mêmes navires et bateaux peuvent, en outre, faire usage d'un feu visible à de courts intervalles, s'ils le jugent convenable.

Signaux en temps de brume.

10. En temps de brume, de jour comme de nuit, les navires font entendre les signaux suivants toutes les cinq minutes au moins, savoir :

(*a*) Les navires à vapeur en marche, le son du sifflet à vapeur qui est placé en avant de la cheminée à une hauteur de deux mètres quarante centimètres au-dessus du pont des gaillards ;

(*b*) Les bâtiments à voiles, lorsqu'ils sont en marche, font usage d'un cornet ;

(*c*) Les bâtiments à vapeur et à voiles, lorsqu'ils ne sont pas en marche, font usage d'une cloche.

Règles relatives à la route.

11. Si deux navires à voiles se rencontrent courant l'un sur l'autre, directement ou à peu près, et qu'il y ait risque d'abordage, tous deux viennent sur tribord, pour passer à bâbord l'un de l'autre.

12. Lorsque deux navires à voiles font des routes qui se croisent et les exposent à un abordage, s'ils ont des amures différentes, le navire qui a les amures à bâbord manœuvre de manière à ne pas gêner la route de celui qui a le vent de tribord ; toutefois, dans le cas où le bâtiment qui a les amures à bâbord est au plus près, tandis que l'autre a du largue, celui-ci doit manœuvrer de manière à ne pas gêner le bâtiment qui est au plus près. Mais, si l'un des deux est vent arrière ou s'ils ont le vent du même bord, le navire qui est vent arrière ou qui aperçoit l'autre sous le vent manœuvre pour ne pas gêner la route de ce dernier navire.

13. Si deux navires sous vapeur se rencontrent courant l'un sur l'autre, directement ou à peu près, et qu'il y ait risque d'abordage, tous deux viennent sur tribord, pour passer à bâbord l'un de l'autre.

14. Si deux navires sous vapeur font des routes qui se croisent et les exposent à s'aborder, celui qui voit l'autre par tribord manœuvre de manière à ne pas gêner la route de ce navire.

15. Si deux navires, l'un à voiles, l'autre sous vapeur, font des routes qui les exposent à s'aborder, le navire sous vapeur manœuvre de manière à ne pas gêner la route du navire à voiles.

16. Tout navire sous vapeur, qui approche un autre navire de manière qu'il y ait risque d'abordage, doit diminuer sa vitesse ou stopper et marcher en arrière, s'il est nécessaire. Tout navire sous vapeur doit, en temps de brume, avoir une vitesse modérée.

17. Tout navire qui en dépasse un autre gouverne de manière à ne pas gêner la route de ce navire.

18. Lorsque, par suite des règles qui précèdent, l'un des deux bâtiments doit manœuvrer de manière à ne pas gêner l'autre, celui-ci doit néanmoins subordonner sa manœuvre aux règles énoncées à l'article suivant.

19. En se conformant aux règles qui précèdent, les navires doivent tenir compte de tous les dangers de la navigation. Ils auront égard aux circonstances particulières qui peuvent rendre nécessaire une dérogation à ces règles, afin de parer à un péril immédiat.

20. Rien dans les règles ci-dessus ne saurait affranchir un navire, quel qu'il soit, ses armateurs, son capitaine ou son équipage, des conséquences d'une omission de porter des feux ou signaux, d'un défaut de surveillance convenable ou, enfin, d'une négligence quelconque des précautions commandées par la pratique ordinaire de la navigation ou par les circonstances particulières de la situation.

21. Le présent décret abroge, à partir du 1er juin 1863, le décret du 28 mai 1858, concernant l'éclairage de nuit des bâtiments à voiles et à vapeur et les signaux de brume.

462

29 octobre 1862 (11e série, n° 10,755).—*Décret impérial relatif aux timbres mobiles dont l'emploi est autorisé par les articles 24 et 25 de la loi du 2 juillet 1862* (1).

ART. 1er. Il est établi, pour l'exécution de l'article 24 de la loi du 2 juillet 1862 (1), des timbres mobiles correspondants aux droits de timbre à percevoir à raison de la dimension du papier, tels qu'ils ont été fixés par l'article 17 de cette loi (1).

Ces timbres seront conformes aux modèles annexés au présent décret.

Ils seront apposés et annulés immédiatement au moyen d'une griffe, soit par les receveurs de l'enregistrement, soit par les fonctionnaires désignés à cet effet par notre ministre des finances pour suppléer ces préposés.

2. L'administration de l'enregistrement et des domaines fera déposer aux greffes des cours et tribunaux un spécimen des timbres mobiles établis par l'article 1er ci-dessus.

Il sera dressé, sans frais, procès-verbal de ce dépôt.

3. Provisoirement les timbres mobiles employés en vertu de notre décret du 18 janvier 1860 (2) pour timbrer les effets venant soit de l'étranger, soit des colonies où le timbre n'est pas établi, pourront, en exécution de l'article 25 de la loi du 2 juillet 1862 (1), être apposés sur les warrants endossés séparément des récépissés.

Le timbre mobile sera collé au dos du warrant par

---

(1) V. Supp., n° 424.
(2) V. Supp., n° 496.

le premier endosseur, qui devra le placer au-dessus de l'endossement et l'annuler immédiatement en y inscrivant la date de l'apposition de sa signature.

463

3 novembre 1862 (11e série, no 10,749).—*Decret impérial relatif aux commandements d'artillerie dans les divisions militaires territoriales.*

464

15 novembre 1862 (11e série no 11,139).—*Rapport à l'Empereur, suivi d'un décret impérial portant création, au port de Brest, d'un établissement dit* des Pupilles de la marine.

465

8 décembre 1862 (11e série, no 10,757).—*Décret impérial concernant les allocations aux greffiers des Cours impériales, des tribunaux de première instance, des tribunaux de commerce et des justices de paix, ainsi qu'aux huissiers, à titre de remboursement de papier timbré.*

Art. 1er. Il est alloué aux greffiers des Cours impériales et aux greffiers des tribunaux civils de première instance, comme remboursement du papier timbré :

1° Pour chaque arrêt ou jugement rendu à la requête des parties, ceux de simple remise exceptés 1f 06c

2° Pour chaque acte porté sur un registre timbré 0 50

3° Pour chaque mention portée sur un registre timbré 0 20

2. Les dispositions de l'article précédent sont applicables aux greffiers des tribunaux spéciaux de commerce et aux greffiers des tribunaux civils qui exercent la juridiction commerciale, mais l'allocation à titre de remboursement du timbre employé aux feuilles d'audience est fixée pour chaque jugement, ceux de simple remise exceptés, à soixante-cinq centimes.

3. Il est alloué aux greffiers des justices de paix, à titre de remboursement du papier timbré :

1° Pour chaque jugement porté sur la feuille d'audience, ceux de remise exceptés. 0f 65

2° Pour chaque jugement de remise . . . 0 20

3° Pour procès-verbal de conciliation inscrit sur un registre timbré. 0f 40

4° Pour le procès-verbal sommaire constatant que les parties n'ont pu être conciliées. 0 25

4. Les greffiers mentionnés au présent décret ne peuvent écrire, sur les minutes ou feuilles d'audience et sur les registres timbrés, plus de trente lignes à la page et de vingt syllabes à la ligne, sur une feuille au timbre de un franc; de quarante lignes à la page et de vingt-cinq syllabes à la ligne, lorsque la feuille est au timbre de un franc cinquante centimes, et plus de cinquante lignes à la page et de trente syllabes à la ligne, lorsque la feuille est au timbre de deux francs.

Toute contravention est constatée conformément à la loi du 13 brumaire an VII (1) et punie de l'amende prononcée par l'art. 12 de la loi du 16 juin 1824 (2), sans préjudice des droits de timbre à la charge des contrevenants.

5. Il est alloué aux huissiers, comme remboursement du papier timbré du registre tenu en exécution de l'art. 176 du Code de commerce (1) :

1° Pour protêt simple et intervention. . . 0f 35c

2° Pour protêt de perquisition 0 50

466

13 décembre 1862 (11e série, no 10,766). — *Décret impérial qui rend commun aux tribunaux de première instance et aux justices de paix de Lille et de Nantes, le tarif des frais et dépens réglé pour le tribunal de première instance et les justices de paix de Paris.*

Article unique. Le tarif des frais et dépens décrété, le 16 février 1807 (2), pour le tribunal de première instance de la Seine et pour les justices de paix établies à Paris, est rendu commun aux tribunaux de première instance et aux justices de paix établis à Lille et à Nantes.

Le tarif réglé pour le tribunal de première instance de la Seine, touchant les frais et dépens relatifs aux ventes judiciaires de biens immeubles, par le titre II de l'ordonnance du 10 octobre 1841 (3), est également rendu commun aux tribunaux de première instance de Lille et de Nantes.

467

13 décembre 1862 (11e série, no 10,769).—*Décret impérial relatif à l'exercice des fabriques de soude.*

Art. 1er. Les fabriques de soude auxquelles sera délivré en franchise le sel nécessaire à leur fabrication seront soumises à une surveillance permanente. Le nombre des préposés à l'exercice sera fixé par l'administration. Pour couvrir le Trésor de la dépense à laquelle donnera lieu cette surveillance, chaque fabricant versera à la caisse du receveur principal des douanes et des contributions indirectes une redevance annuelle dont le montant est fixé à trente centimes par cent kilogrammes de sel employé à la fabrication.

Les recouvrements auront lieu par trimestre.

2. Chaque fabricant sera, en outre, tenu de fournir les logements nécessaires aux préposés à l'exercice, soit dans l'enceinte de l'usine, soit en dehors de cette enceinte, mais à proximité de la fabrique et dans un local agréé par l'administration.

Il sera mis également à la disposition du service, dans l'enceinte même de l'usine et à proximité de son entrée, un local pour le bureau, d'une superficie minimum de douze mètres carrés, garni du mobilier nécessaire.

Le fabricant sera tenu de pourvoir à l'éclairage et au chauffage de ce bureau, soit en nature, soit au moyen d'un abonnement annuel fixé à deux cents francs.

3. Les sels seront expédiés sur les fabriques de soude sous le plomb de l'administration.

Le plombage ne sera pas exigé dans le seul cas où le sel sera tiré d'une saline ou d'un salin attenant à la fabrique qui doit l'employer. L'acquit-à-caution serait alors remplacé par un bulletin au pied duquel le fabricant attestera la réception du sel.

(1) V. 2e partie, p. 368.
(2) V. 2e partie, p. 381.

(1) V. 3e partie, p. 12.
(2) V. 2e partie, p. 330.
(3) V. 2e partie, p. 349.

4. Seront admis en compensation du sel marin livré aux fabriques en franchise de droits :

1° Les sulfates de soude contenant au maximum en mélange intime vingt-cinq pour cent de sel marin, ou l'équivalent en chlorures divers;

2° Les carbonates de soude au titre alcalimétrique minimum de soixante degrés ;

3° Les soudes brutes au titre alcalimétrique minimum de trente degrés.

Le titre des produits fabriqués ne pourra être abaissé au-dessous des limites fixées ci-dessus, qu'en vertu d'une autorisation spéciale toujours révocable et sous l'observation des mesures qui seront prescrites par l'administration.

Toutes les fois que les produits fabriqués contiendront une quantité de sel supérieure à la limite autorisée, ils ne pourront être enlevés des fabriques qu'à la charge, par les intéressés, d'acquitter le droit de consommation sur le sel, sans préjudice des peines portées par les lois et règlements.

5. Le sel placé dans un magasin spécial de dépôt, fermant à deux clefs, n'en sera extrait qu'au fur et à mesure des besoins de la fabrication et après pesage.

L'introduction du sel dans les fours à sulfate et son mélange avec l'acide sulfurique devront toujours avoir lieu sous les yeux des préposés, qui constateront la quantité d'acide sulfurique additionné et le degré aérométrique de cet acide.

Le sel destiné à abaisser le titre des carbonates de soude, lorsque le mélange aura lieu dans le four à carbonate de soude, sera ajouté avant que le carbonate de soude ait pris nature, et brossé avec la masse sous les yeux des préposés.

Il sera en grains fins ou pulvérisés.

Pour la soude brute, le sel pourra être incorporé soit directement, soit après son mélange avec des marcs de soude, mais seulement au moment de la mise au four, laquelle aura lieu sous les yeux des préposés.

6. Les préposés auront libre accès à toute heure du jour et de nuit dans tous les magasins et ateliers de la fabrique: ils auront droit de prélever tous les échantillons nécessaires à la vérification des produits fabriqués de toute nature.

7. Les fabriques de soude établies dans l'intérieur de salins ou salines seront soumises comme les autres aux formalités d'exercice nécessaires pour la constatation régulière des dénaturations du sel.

8. L'administration des douanes et contributions indirectes prescrira, en vertu des anciens règlements, les mesures d'ordre pour assurer l'exécution du présent décret; et les contraventions, s'il en était constaté, seraient passibles des amendes et pénalités fixées par ces règlements.

468

30 décembre 1862 (11e série, n° 10,809).—*Décret impérial portant qu'à l'avenir les audiences des conseils de préfecture statuant sur les affaires contentieuses seront publiques.*

Art. 1er. A l'avenir, les audiences des conseils de préfecture statuant sur les affaires contentieuses seront publiques.

2. Après le rapport qui sera fait sur chaque affaire par un des conseillers, les parties pourront présenter leurs observations, soit en personne, soit par mandataire.

La décision motivée sera prononcée en audience après délibéré hors la présence des parties.

3. Le secrétaire général de la préfecture remplira les fonctions de commissaire du Gouvernement. Il donnera ses conclusions dans les affaires contentieuses.

Les auditeurs au conseil d'Etat attachés à une préfecture pourront y être chargés des fonctions du ministère public.

4. En cas d'insuffisance du nombre des membres nécessaires pour délibérer, il y sera pourvu conformément à l'arrêté du 19 fructidor an IX (1) et au décret du 16 juin 1808 (2).

5. Il y aura auprès de chaque conseil un secrétaire greffier, nommé par le préfet et choisi parmi les employés de la préfecture.

6. Les comptes des receveurs des communes et des établissements de bienfaisance ne seront pas jugés en séance publique.

469

11 février 1863 (11e série, n° 10,976.)—*Décret impérial qui déclare applicables et exécutoires dans la colonie du Sénégal différentes dispositions sur l'enregistrement et le timbre.*

470

28 février 1863 (11e série, n° 10,978). — *Décret impérial portant que le titre de préfet honoraire pourra être conféré aux préfets placés hors des cadres d'activité ou admis à la retraite, et que les mêmes dispositions sont applicables aux sous-préfets et aux secrétaires généraux de préfecture.*

471

7 mars 1863 (11e série, n° 10,947). — *Sénatus-consulte qui déclare applicable aux colonies de la Guadeloupe, de la Martinique et de la Réunion la loi du 6 décembre 1850 (3), sur le désaveu de paternité, en cas de séparation de corps prononcée ou même demandée.*

472

7 mars 1863 (11e série, n° 10,958).—*Décret impérial qui comprend les fils et tissus de coton au tableau des marchandises pouvant être vendues en gros aux enchères publiques dans les villes de Paris, Rouen, Mulhouse et Colmar.*

473

7 mars 1863 (11e série, n° 11,076).—*Décret impérial qui déclare applicable aux colonies la loi du 21 mai 1858 (4), sur la saisie immobilière et l'ordre.*

474

7 mars 1863 (11e série, n° 11,077). — *Décret impérial qui rend exécutoire aux colonies des Antilles, de la Réunion, de la Guyane, de l'Inde et des îles Saint-Pierre et Miquelon, la loi du 2 mai 1861 (5), relative à la légalisation, par les juges de paix, des signatures des notaires et des officiers de l'état civil.*

(1) V. 1re partie, p. 77.
(2) V. 1re partie, p. 78.
(3) V. 2e partie, p. 171.
(4) V. Supp., n° 100.
(5) V. Supp., n° 317.

475

17 mars 1863 (11e série, no 11,090).—*Décret impérial relatif au conseil de préfecture du département de la Seine.*

476

1er avril 1863 (11e série, no 11,142).—*Décret impérial relatif à l'organisation judiciaire du Sénégal et dépendances.*

477

8 avril 1863 (11e série, no 11,179).—*Décret impérial portant que la loi du 6 décembre 1850 (1), sur le désaveu de paternité en cas de séparation de corps, déclarée applicable à la Martinique, à la Guadeloupe et à la Réunion, est rendue exécutoire dans les autres colonies françaises.*

478

8 avril 1863 (11e série, no 11,143).—*Décret impérial relatif à l'établissement des Pupilles de la marine.*

479

11 avril 1863 (11e série, no 11,089).—*Décret impérial portant promulgation du traité d'amitié et de commerce conclu entre la France et Madagascar, le 12 septembre 1862.*

480

22 avril 1863 (11e série, no 11,104).—*Sénatus-consulte relatif à la constitution de la propriété en Algérie, dans les territoires occupés par les Arabes* (2).

ART. 1er. Les tribus de l'Algérie sont déclarées propriétaires des territoires dont elles ont la jouissance permanente et traditionnelle, à quelque titre que ce soit.

Tous actes, partages ou distractions de territoires, intervenus entre l'État et les indigènes, relativement à la propriété du sol, sont et demeurent confirmés.

2. Il sera procédé administrativement et dans le plus bref délai :

1° A la délimitation des territoires des tribus ;

2° A leur répartition entre les différents douars de chaque tribu du *Tell* et des autres pays de culture, avec réserve des terres qui devront conserver le caractère de biens communaux ;

3° A l'établissement de la propriété individuelle entre les membres de ces douars, partout où cette mesure sera reconnue possible et opportune.

Des décrets impériaux fixeront l'ordre et les délais dans lesquels cette propriété individuelle devra être constituée dans chaque douar.

3. Un règlement d'administration publique déterminera :

1° Les formes de la délimitation des territoires des tribus ;

2° Les formes et les conditions de leur répartition entre les douars et de l'aliénation des biens appartenant aux douars ;

3° Les formes et les conditions sous lesquelles la propriété individuelle sera établie et le mode de délivrance des titres.

4. Les rentes, redevances et prestations dues à l'État par les détenteurs des territoires des tribus continueront à être perçues comme par le passé, jusqu'à ce qu'il en soit autrement ordonné par des décrets impériaux rendus en la forme des règlements d'administration publique.

5. Sont réservés les droits de l'État à la propriété des biens du *Beylick* et ceux des propriétaires des biens *melk*.

Sont également réservés, le domaine public, tel qu'il est défini par l'art. 2 de la loi du 16 juin 1851 (1), ainsi que le domaine de l'État, notamment en ce qui concerne les bois et forêts, conformément à l'art. 4, paragraphe 4, de la même loi.

6. Le second et le troisième paragraphe de l'art. 14 de la loi du 16 juin 1851 (1), sur la constitution de la propriété en Algérie, sont abrogés; néanmoins, la propriété individuelle qui sera établie au profit des membres des douars ne pourra être aliénée que du jour où elle aura été régulièrement constituée par la délivrance des titres.

7. Il n'est pas dérogé aux autres dispositions de la loi du 16 juin 1851 (1), notamment à celles qui concernent l'expropriation pour cause d'utilité publique et le séquestre.

481

22 avril 1863 (11e série, no 11,353).—*Décret impérial portant modification, pour la Martinique, la Guadeloupe et dépendances, de divers délais en matière civile et commerciale.*

482

22 avril 1863 (11e série, no 11,354). — *Décret impérial portant modification, pour la Réunion, de divers délais en matière civile et commerciale.*

483

6 mai 1863 (11e série, no 11,194). — *Loi qui modifie les articles 27 et 28 du Code de commerce* (2).

ARTICLE UNIQUE. Les articles 27 et 28 du Code de commerce (2) sont modifiés ainsi qu'il suit :

27. L'associé commanditaire ne peut faire aucun acte de gestion, même en vertu de procuration.

28. En cas de contravention à la prohibition mentionnée dans l'article précédent, l'associé commanditaire est obligé, solidairement avec les associés en nom collectif, pour les dettes et engagements de la société qui dérivent des actes de gestion qu'il a faits, et il peut, suivant le nombre ou la gravité de ces actes, être déclaré solidairement obligé pour tous les engagements de la société ou pour quelques-uns seulement.

Les avis et conseils, les actes de contrôle et de surveillance n'engagent point l'associé commanditaire.

(1) V. 2e partie, p. 171.

(2) Le décret portant règlement d'administration publique pour l'exécution de ce sénatus-consulte est du 23 mai 1863.

(1) V. 3e partie, p. 429 et 430.

(2) V. 3e partie, p. 4.

484

6 mai 1863 (11e série, n° 11,195). — *Loi sur la composition de la première section du cadre de l'état-major général de l'armée navale.*

Article unique. La première section du cadre de l'état-major général de l'armée navale, en temps de paix, se composera au plus de quinze vice-amiraux et de trente contre-amiraux.

485

9 mai 1863 (n° 11,213). — *Loi portant dérogation au paragraphe 1er de l'article 429 et à l'article 431 du Code d'instruction criminelle* (1), *en ce qui concerne le ressort de la Cour impériale d'Alger.*

486

9 mai 1863 (11e série, n° 11,214). — *Loi qui établit une taxe supplémentaire sur les lettres expédiées après les dernières levées.*

Art. 1er. Les lettres déposées après les heures fixées pour les dernières levées peuvent être admises, dans les délais déterminés et moyennant une taxe supplémentaire, à profiter du plus prochain départ.

2. La durée des délais pendant lesquels les lettres sont admises à la taxe supplémentaire sera fixée par des décrets impériaux insérés au *Bulletin des lois.*

3. La taxe supplémentaire, quel que soit le poids des lettres, sera de :

0 f. 20 c. pour le premier délai ;
0 f. 40 c. pour le deuxième délai ;
0 f. 60 c. pour le troisième et dernier délai.

Les lettres ne seront admises à profiter des délais accordés qu'autant qu'elles porteront le timbre d'affranchissement de la taxe principale et de la taxe supplémentaire.

487

13 mai 1863 (11e série, n° 11,234).—*Loi portant fixation du budget général des dépenses et des recettes ordinaires de l'exercice 1864.*

Art. 5. Les tarifs et tableaux concernant les patentes, annexés aux lois des 25 avril 1844 (2), 15 mai 1850 (3) et 4 juin 1858 (4), sont modifiés conformément à l'état D, annexé à la présente loi.

Tableau des modifications apportées aux tarifs et tableaux concernant les patentes, annexés aux lois des 25 avril 1844, 15 mai 1850 et 4 juin 1858.

§ Ier. — RETRANCHEMENTS.

Industries et professions dont le droit fixe est réglé eu égard à la population et d'après un tarif général.

1re classe. — Néant.

2e classe. — Néant.

3e classe.

A 25 avril 1844. — Pavage des villes (Entrepreneur de).

4e classe.

A 25 avril 1844. — Tuyaux en fil de chanvre pour les pompes à incendie et les arrosements (Fabricant de).
A 4 juin 1858. — Broderies (Vente de) en demi-gros.

5e classe.

A 25 avril 1844. — Bains publics (Entrepreneur de).

6e classe.

A 25 avril 1844. — Battendier.
A 4 juin 1858. — Chargement et déchargement des bateaux (Entrepreneur du).
A 25 avril 1844. — Charrée (Marchand de).
D 15 mai 1850. — Papiers de fantaisie, papiers déchiquetés, papier végétal (Fabricant de) pour son compte. — Quilles ou mail (Maître du jeu de).

7e classe.

A 25 avril 1844. — Orge (Exploitant un moulin à perler l').

8e classe. — Néant.

Industries et professions dont le droit fixe est réglé eu égard à la population et d'après un tarif exceptionnel.

B 25 avril 1844. — Entrepreneur d'éclairage à l'huile à Paris, 300 fr.; dans les villes de 50,000 âmes et au-dessus, 150 fr.; dans les villes de 30,000 à 50,000 âmes, 100 fr.; dans les villes de 15,000 à 30,000 âmes, 50 fr.; dans toutes les autres communes, 25 fr.

Industries et professions dont le droit fixe est réglé sans égard à la population.

Ire partie.

Droit proportionnel au quinzième.

Néant.

IIe partie.

Droit proportionnel.

Au vingtième : 1° sur la maison d'habitation ; 2° sur les magasins de vente complétement séparés de l'établissement. — Au vingt-cinquième, sur l'établissement industriel.

C 4 juin 1858. — Café de chicorée (Fabrique de), 15 fr., plus 3 fr. par ouvrier, jusqu'au maximum de 200 fr. (Ne sont point comptés les ouvriers qui ne sont employés qu'à la culture de la chicorée.)

IIIe partie.

Droit proportionnel.

Au vingtième : 1° sur la maison d'habitation ; 2° sur les magasins de vente complétement séparés de l'établissement. — Au quarantième, sur l'établissement industriel.

C 25 avril 1844. — Convois militaires. (Entreprise particulière pour gîtes d'étape), 25 fr.
C 4 juin 1858. — Polisseur ou tourneur par procédés mécaniques. 15 fr., plus 3 fr. par ouvrier, jusqu'au maximum de 100 fr.

IVe partie.

Droit proportionnel.

Au vingtième : 1° sur la maison d'habitation ; 2° sur les magasins de vente complétement séparés de l'établissement. — Au cinquantième sur l'établissement industriel.

C — Imprimeur d'étoffes et de fils. — Pour 25 tables et au-dessous, 50 fr.; plus 3 fr. par table en sus, jusqu'au maximum de 400 fr. Un rouleau comptera pour 25 tables et 4 perrotines pour un rouleau.

Ve partie.

Droit proportionnel au quinzième sur la maison d'habitation seulement.

Néant.

§ II. — ADDITIONS.

Industries et professions dont le droit fixe est réglé eu égard à la population et d'après un tarif général.

1re classe.

A — Savon (Marchand de) en gros. — Soufre (Marchand de) en gros.

2e classe.

A — Bronzes, dorures et argentures sur métaux (Marchand de) en demi-gros.—Papetier (Marchand) en demi-gros. — Parfumeur (Marchand) en demi-gros. — Porcelaine (Marchand de) en demi-gros.—Savon (Marchand de) en demi-gros. — Soufre (Marchand de) en demi-gros.

3e classe. — Néant.

4e classe.

A — Location d'immeubles (Entrepreneur de). — Celui dont la profession consiste à louer, par spéculation, des maisons

(1) V. 4e partie, p. 37 et 38.
(2) V. 3e partie, p. 145.
(3) V. 3e partie, p. 159.
(4) V. Supp., n° 110.

exclusivement en vue de les sous-louer. — Tuyaux en fil de chanvre, en ciment, etc., pour les pompes à incendie, les arrosements (Fabricant de). — Broderies (Fabricant et marchand de) en demi-gros.

5e CLASSE.

A — Bains publics et douches (Entrepreneur de).— Savon (Marchand de), en détail.— Soufre (Marchand de), en détail.

6e CLASSE.

A — Carton en pâte ou en feuilles (Marchand de). — Chargement et déchargement des navires, des bateaux et des voitures de chemins de fer (Entrepreneur du).—Charrée, cendres noires et autres amendements analogues (Marchand de).—Courtier en essences (celui qui s'entremet, pour la vente des essences, entre le distillateur et le fabricant parfumeur). — Drainage (Entrepreneur de). — Enlaceur de cartons (celui qui lie, en observant un ordre déterminé, les cartons de lisage employés dans la fabrication des étoffes façonnées). — Jeux et amusements publics, tels que : jeux de quille ou de mail, manége à chevaux de bois, billard anglais, etc. (Maître de).— Papiers de fantaisie, papiers déchiquetés, papier végétal (Fabricant et marchand de).— Sécheur de houblon (celui qui fait sécher, par des procédés artificiels et moyennant rétribution, le houblon récolté par les propriétaires.

7e CLASSE.

A — Courtier en grains (celui qui s'entremet, pour la vente des grains, entre les cultivateurs et les marchands ou les boulangers). — Écritures (entrepreneur d'), celui qui se charge de faire exécuter, chez lui ou au dehors, les copies de toutes sortes d'écrits, de plans, de dessins, etc.— Escargots (Marchand d').— Fourreur à façon.— Gantier à façon.— Teinturerie (Loueur d'établissement de), celui qui loue, à tout venant, un établissement de teinturerie muni de ses ustensiles et appareils.

8e CLASSE.

A — Épingles (Fabricant par procédés ordinaires d') à façon. — Varech (Marchand de) en détail.

INDUSTRIES ET PROFESSIONS dont le droit fixe est réglé eu égard à la population et d'après un tarif exceptionnel.

B — Facteur aux marchés à bestiaux destinés à l'approvisionnement de Paris, 150 fr.

INDUSTRIES ET PROFESSIONS dont le droit fixe est réglé sans égard à la population.

Ire PARTIE.

DROIT PROPORTIONNEL AU QUINZIÈME.

Néant.

IIe PARTIE.

DROIT PROPORTIONNEL

Au vingtième : 1° sur la maison d'habitation ; 2° sur les magasins de vente complétement séparés de l'établissement.— Au vingt-cinquième sur l'établissement industriel.

C — Café de chicorée, de glands et autres matières analogues (Fabrique de), 15 fr., plus 3 fr. par ouvrier, jusqu'au maximum de 200 fr. (Ne sont point comptés les ouvriers qui ne sont employés qu'à la culture de la chicorée ou à la récolte des glands). — Cossettes de betterave, de chicorée (Fabrique de), 15 fr., plus 3 fr. par ouvrier, jusqu'au maximum de 200 fr. — Malt ou orge germée servant à la fabrication de la bière (Fabrique de), 10 fr., plus 3 fr. par ouvrier, jusqu'au maximum de 200 fr.

IIIe PARTIE.

DROIT PROPORTIONNEL

Au vingtième : 1° sur la maison d'habitation ; 2° sur les magasins de vente complétement séparés de l'établissement.— Au quarantième, sur l'établissement industriel.

C — Batteur de laines par procédés mécaniques, 15 fr., plus 3 fr. par ouvrier, jusqu'au maximum de 300 fr. — Briques combustibles (Fabrique de), 15 fr., plus 3 fr. par ouvrier, jusqu'au maximum de 300 fr. — Calorifères pour le chauffage des maisons, serres ou établissements publics (Fabricant ou entrepreneur de la construction des), 15 fr., plus 3 fr. par ouvrier, jusqu'au maximum de 300 fr. — Convois militaires (Entreprise particulière pour gîtes d'étape), 5 fr. — Crin végétal (Fabrique de) par procédés mécaniques, 5 fr. par machine à peigner, jusqu'au maximum de 100 fr. — Fonderie ou affinage de plomb ou de zinc, 25 fr. par chaufferie, feu, four ou fourneau de fusion, jusqu'au maximum de 1,000 fr. — Galvanoplastie (Entrepreneur de), 50 fr., plus 3 fr. par ouvrier, jusqu'au maximum de 400 fr. — Huile de goudron (Fabrique d'), 15 fr., plus 3 fr. par ouvrier, jusqu'au maximum de 300 fr. — Lin ou chanvre (Fabrique de) par procédés mécaniques ou chimiques, 15 fr., plus 3 fr. par ouvrier, jusqu'au maximum de 300 fr. — Polisseur, tourneur ou émouleur par procédés mécaniques, 15 fr., plus 3 fr. par ouvrier, jusqu'au maximum de 300 fr. — Soufflerie de poils pour la chapellerie et autres industries, par procédés mécaniques, 5 fr. par assortiment de machines à souffler, jusqu'au maximum de 100 fr. — Trieur de laine par procédés mécaniques, 10 fr. par machine, jusqu'au maximum de 150 fr.

IVe PARTIE.

DROIT PROPORTIONNEL

Au vingtième : 1° sur la maison d'habitation ; 2° sur les magasins de vente complétement séparés de l'établissement.— Au cinquantième, sur l'établissement industriel.

C — Imprimeur d'étoffes et de fils. Pour 25 tables et au-dessous, 50 fr. ; plus 3 fr. par table en sus, jusqu'au maximum de 400 fr. Un rouleau comptera pour 25 tables ; 4 perrotines pour un rouleau et 4 planches plates également pour un rouleau. — Tubes en papier pour filatures (Fabrique de), par procédés mécaniques, 5 fr., plus 3 fr. par chaque métier, jusqu'au maximum de 100 fr.

Ve PARTIE.

DROIT PROPORTIONNEL AU QUINZIÈME SUR LA MAISON D'HABITATION SEULEMENT.

C — Entrepreneur de l'éclairage à l'huile, 5 fr., plus 2 fr. par 1,000 fr. du montant des entreprises, jusqu'au maximum de 300 fr.— Viandes (Marchand expéditeur de), 50 fr.

EXCEPTIONS A LA RÈGLE GÉNÉRALE

Qui fixe le droit proportionnel au vingtième de la valeur locative.

§ 5. — 3° *Droit proportionnel au quarantième de la valeur locative des locaux servant à l'exercice des professions.*

D — Cabriolets, fiacres et autres voitures semblables, sous remise ou sur places (Entreprise de). — Omnibus (Entreprise d').

ART. 4. L'article 13 de la loi du 23 juin 1857 (1) et l'article 14 de celle du 2 juillet 1862 (2), relatifs à la perception du second décime sur les impôts indirects qui supportent le premier décime, continueront à recevoir leur exécution pour l'exercice 1864.

5. Les dispositions de l'article 18 de la loi du 26 juillet 1860 (3), relatif à l'élévation du droit de consommation des alcools, sont prorogées jusqu'à la fin de l'année 1864.

6. A dater du 1er juillet 1863, sont soumis à un droit de timbre de cinquante centimes par cent francs ou fraction de cent francs du montant de leur valeur nominale, les titres de rentes, emprunts et autres effets publics des gouvernements étrangers, quelle qu'ait été l'époque de leur création.

La valeur des monnaies étrangères en monnaies françaises sera fixée annuellement par un décret.

7. Aucune transmission des titres énoncés en l'article précédent ne peut avoir lieu avant que ces titres aient acquitté le droit de timbre.

En cas de contravention, le propriétaire du titre et l'agent de change ou tout autre officier public qui aura concouru à sa transmission seront passibles chacun d'une amende de dix pour cent de la valeur nominale de ce titre.

8. L'acquittement du droit de timbre établi par la présente loi sera constaté, soit au moyen du visa pour timbre, soit par l'apposition sur les titres de timbres mobiles que l'administration de l'enregistrement est autorisée à vendre et à faire vendre.

Un règlement d'administration publique déterminera la forme et les conditions d'emploi des timbres mobiles créés en exécution du paragraphe précédent.

---

(1) V. Supp., n° 62.
(2) V. Supp., n° 124.
(3) V. Supp., n° 254.

Sont applicables à ces timbres les dispositions de l'article 21 de la loi du 11 juin 1859 (1).

9. Sont considérés comme non timbrés les titres sur lesquels le timbre mobile aurait été apposé sans l'accomplissement des conditions prescrites par le règlement d'administration publique, ou sur lesquels aurait été apposé un timbre ayant déjà servi.

10. A partir du 1er juillet prochain, est réduit à vingt centimes le droit de timbre des récépissés que les compagnies de chemins de fer sont tenues de délivrer aux expéditeurs, lorsque ces derniers ne demandent pas de lettres de voiture.

Le récépissé énoncera la nature, le poids et la désignation des colis, les noms et l'adresse du destinataire, le prix total du transport et le délai dans lequel ce transport devra être effectué.

Un double du récépissé accompagnera l'expédition et sera remis au destinataire.

Toute expédition non accompagnée d'une lettre de voiture doit être constatée sur un registre à souche, timbré sur la souche et sur le talon, à peine d'une amende de cinquante francs.

Les préposés de l'enregistrement sont autorisés à prendre communication de ce registre, ainsi que de ceux mentionnés par l'article 50 de l'ordonnance du 15 novembre 1846 (2), et des pièces relatives aux transports qui y sont énoncés.

La communication aura lieu selon le mode prescrit par l'article 54 de la loi du 22 frimaire an VII (3) et sous les peines y portées.

11. Les dispositions de l'article 7 de la loi du 15 mai 1850 (4) sont applicables aux obligations des compagnies ou sociétés d'industrie et de finances étrangères.

488

13 mai 1863 (n° 11,240). — *Décret impérial qui rend exécutoires en Algérie, 1° le décret du 30 juillet 1862 (5), déterminant le nombre de lignes et de syllabes que devront contenir les copies des exploits, etc., 2° le décret du 8 déc. 1862 (6), modifiant les allocations accordées aux greffiers et huissiers, à titre de remboursement de papier timbré.*

489

13 mai 1863 (n° 11,304). *Loi portant modification de plusieurs dispositions du Code pénal.*

ARTICLE UNIQUE. Les articles 57, 58, 132, 133, 134, 135, 138, 142, 143, 149, 153, 154, 155, 156, 157, 158, 159, 160, 161, 164, 174, 177, 179, 222, 223, 224, 225, 228, 230, 238, 241, 251, 279, 305, 306, 307, 308, 309, 310, 311, 312, 320, 330, 331, 333, 345, 361, 362, 363, 364, 366, 382, 385, 387, 389, 399, 400, 405, 408, 418, 423, 434, 437, 443 et 463 du Code pénal, sont abrogés. Ils sont remplacés par les articles suivants :

Des peines et des autres condamnations qui peuvent être prononcées pour crimes ou délits.

57. Quiconque, ayant été condamné pour crime à une peine supérieure à une année d'emprisonnement, aura commis un délit ou un crime qui devra n'être puni que de peines correctionnelles, sera condamné au maximum de la peine portée par la loi, et cette peine pourra être élevée jusqu'au double.

Le condamné sera de plus mis sous la surveillance spéciale de la haute police pendant cinq ans au moins et dix ans au plus.

58. Les coupables condamnés correctionnellement à un emprisonnement de plus d'une année seront aussi, en cas de nouveau délit ou de crime qui devra n'être puni que de peines correctionnelles, condamnés au maximum de la peine portée par la loi, et cette peine pourra être élevée jusqu'au double : ils seront de plus mis sous la surveillance spéciale du Gouvernement pendant au moins cinq années et dix ans au plus.

Des crimes et délits contre la paix publique.

DU FAUX.

Fausse monnaie.

132. Quiconque aura contrefait ou altéré les monnaies d'or ou d'argent ayant cours légal en France, ou participé à l'émission ou exposition desdites monnaies contrefaites ou altérées, ou à leur introduction sur le territoire français, sera puni des travaux forcés à perpétuité.

Celui qui aura contrefait ou altéré des monnaies de billon ou de cuivre ayant cours légal en France, ou participé à l'émission ou exposition desdites monnaies contrefaites ou altérées, ou à leur introduction sur le territoire français, sera puni des travaux forcés à temps.

133. Tout individu qui aura, en France, contrefait ou altéré des monnaies étrangères, ou participé à l'émission, exposition ou introduction en France de monnaies étrangères contrefaites ou altérées, sera puni des travaux forcés à temps.

134. Sera puni d'un emprisonnement de six mois à trois ans quiconque aura coloré les monnaies ayant cours légal en France ou les monnaies étrangères dans le but de tromper sur la nature du métal, ou les aura émises ou introduites sur le territoire français.

Seront punis de la même peine ceux qui auront participé à l'émission ou à l'introduction des monnaies ainsi colorées.

135. La participation énoncée aux précédents articles ne s'applique point à ceux qui, ayant reçu pour bonnes des pièces de monnaie contrefaites, altérées ou colorées, les ont remises en circulation.

Toutefois, celui qui aura fait usage desdites pièces, après en avoir vérifié ou fait vérifier les vices, sera puni d'une amende triple au moins et sextuple au plus de la somme représentée par les pièces qu'il aura rendues à la circulation, sans que cette amende puisse, en aucun cas, être inférieure à seize francs.

138. Les personnes coupables des crimes mentionnés en l'article 132 seront exemptes de peine, si, avant la consommation de ces crimes et avant toutes poursuites, elles en ont donné connaissance et révélé les auteurs aux autorités constituées, ou si, même après les poursuites commencées, elles ont procuré l'arrestation des autres coupables.

Elles pourront néanmoins être mises, pour la vie ou à temps, sous la surveillance spéciale de la haute police.

Contrefaçon des sceaux, poinçons, timbres et marques.

142. Ceux qui auront contrefait les marques destinées à être apposées, au nom du Gouvernement, sur les diverses espèces de denrées ou de marchandises, ou qui auront fait usage de ces fausses marques ; ceux qui auront contrefait le sceau, timbre ou marque

(1) V. Supp., n° 164.
(2) V. 3e partie, p. 107.
(3) V. 2e partie, p. 362.
(4) V. 2e partie, p. 385.
(5) V. Supp., n° 436.
(6) V. Supp., n° 465

d'une autorité quelconque, ou qui auront fait usage des sceaux, timbres ou marques contrefaits ; ceux qui auront contrefait les timbres-poste ou fait usage sciemment de timbres-poste contrefaits, seront punis d'un emprisonnement de deux ans au moins et de cinq ans au plus.

Les coupables pourront, en outre, être privés des droits mentionnés en l'art. 42 (1) du présent Code pendant cinq ans au moins et dix ans au plus, à compter du jour où ils auront subi leur peine.

Ils pourront aussi être mis, par l'arrêt ou le jugement, sous la surveillance de la haute police pendant le même nombre d'années.

Les dispositions qui précèdent seront applicables aux tentatives de ces mêmes délits.

143. Quiconque, s'étant indûment procuré les vrais sceaux, timbres ou marques ayant l'une des destinations exprimées en l'article **142**, en aurait fait ou tenté de faire une application ou un usage préjudiciable aux droits ou intérêts de l'État, ou d'une autorité quelconque, sera puni d'un emprisonnement de six mois à trois ans.

Les coupables pourront, en outre, être privés des droits mentionnés en l'article 42 (1) du présent Code, pendant cinq ans au moins et dix ans au plus à compter du jour où ils auront subi leur peine.

Ils pourront aussi être mis, par l'arrêt ou le jugement, sous la surveillance de la haute police pendant le même nombre d'années.

Des faux en écriture publique ou authentique et de commerce ou de banque.

149. Sont exceptés des dispositions ci-dessus, les faux commis dans les passe-ports, feuilles de route et permis de chasse, sur lesquels il sera particulièrement statué ci-après.

Des faux commis dans les passe-ports, permis de chasse, feuilles de route et certificats.

153. Quiconque fabriquera un faux passe-port ou un faux permis de chasse, ou falsifiera un passe-port ou un permis de chasse originairement véritable, ou fera usage d'un passe-port ou d'un permis de chasse fabriqué ou falsifié, sera puni d'un emprisonnement de six mois au moins et de trois ans au plus.

154. Quiconque prendra, dans un passe-port ou dans un permis de chasse, un nom supposé, ou aura concouru comme témoin à faire délivrer le passe-port sous le nom supposé, sera puni d'un emprisonnement de trois mois à un an.

La même peine sera applicable à tout individu qui aura fait usage d'un passe-port ou d'un permis de chasse délivré sous un autre nom que le sien.

Les logeurs et aubergistes qui, sciemment, inscriront sur leurs registres, sous des noms faux ou supposés, les personnes logées chez eux, ou qui, de connivence avec elles, auront omis de les inscrire, seront punis d'un emprisonnement de six jours au moins et de trois mois au plus.

155. Les officiers publics qui délivreront ou feront délivrer un passe-port à une personne qu'ils ne connaîtront pas personnellement, sans avoir fait attester ses noms et qualités par deux citoyens à eux connus, seront punis d'un emprisonnement d'un mois à six mois.

Si l'officier public, instruit de la supposition du nom, a néanmoins délivré ou fait délivrer le passe-port sous le nom supposé, il sera puni d'un emprisonnement d'une année au moins et de quatre ans au plus.

Le coupable pourra, en outre, être privé des droits mentionnés en l'article 42 (1) du présent Code pendant cinq ans au moins et dix ans au plus, à compter du jour où il aura subi sa peine.

156. Quiconque fabriquera une fausse feuille de route ou falsifiera une feuille de route originairement véritable, ou fera usage d'une feuille de route fabriquée ou falsifiée, sera puni, savoir :

D'un emprisonnement de six mois au moins et de trois ans au plus, si la fausse feuille de route n'a eu pour objet que de tromper la surveillance de l'autorité publique ;

D'un emprisonnement d'une année au moins et de quatre ans au plus, si le Trésor public a payé au porteur de la fausse feuille des frais de route qui ne lui étaient pas dus ou qui excédaient ceux auxquels il pouvait avoir droit, le tout néanmoins au-dessous de cent francs ;

Et d'un emprisonnement de deux ans au moins et de cinq ans au plus, si les sommes indûment perçues par le porteur de la feuille s'élèvent à cent francs et au delà.

Dans ces deux derniers cas, les coupables pourront, en outre, être privés des droits mentionnés en l'article 42 (1) du présent Code pendant cinq ans au moins et dix ans au plus, à compter du jour où ils auront subi leur peine.

Ils pourront aussi être mis, par l'arrêt ou le jugement, sous la surveillance de la haute police pendant le même nombre d'années.

157. Les peines portées en l'article précédent seront appliquées, selon les distinctions qui y sont établies, à toute personne qui se sera fait délivrer par l'officier public une feuille de route sous un nom supposé ou qui aura fait usage d'une feuille de route délivrée sous un autre nom que le sien.

158. Si l'officier public était instruit de la supposition de nom lorsqu'il a délivré la feuille de route, il sera puni, savoir :

Dans le premier cas posé par l'article 156, d'un emprisonnement d'une année au moins et de quatre ans au plus ;

Dans le second cas du même article, d'un emprisonnement de deux ans au moins et de cinq ans au plus ;

Dans le troisième cas, de la reclusion ;

Dans les deux premiers cas, il pourra, en outre, être privé des droits mentionnés en l'article 42 (1) du présent Code pendant cinq ans au moins et dix ans au plus, à compter du jour où il aura subi sa peine.

159. Toute personne qui, pour se rédimer elle-même ou affranchir une autre d'un service public quelconque, fabriquera, sous le nom d'un médecin, chirurgien ou autre officier de santé, un certificat de maladie ou d'infirmité, sera punie d'un emprisonnement d'une année au moins et de trois ans au plus.

160. Tout médecin, chirurgien ou autre officier de santé qui, pour favoriser quelqu'un, certifiera faussement des maladies ou infirmités propres à dispenser d'un service public, sera puni d'un emprisonnement d'une année au moins et de trois ans au plus.

S'il y a été mû par dons et promesses, la peine de l'emprisonnement sera d'une année au moins et de quatre ans au plus.

Dans les deux cas, le coupable pourra, en outre, être privé des droits mentionnés en l'article 42 (1) du présent Code pendant cinq ans ou moins et dix ans au plus, à compter du jour où il aura subi sa peine.

Dans le deuxième cas, les corrupteurs seront punis des mêmes peines que le médecin, chirurgien ou officier de santé qui aura délivré le faux certificat.

161. Quiconque fabriquera, sous le nom d'un fonctionnaire ou officier public, un certificat de bonne

1. V. 4e partie, p. 94.

1. V. 4e partie, p. 94.

conduite, indigence ou autres circonstances propres à appeler la bienveillance du Gouvernement ou des particuliers sur la personne y désignée, et à lui procurer places, crédit ou secours, sera puni d'un emprisonnement de six mois à deux ans.

La même peine sera appliquée : 1° à celui qui falsifiera un certificat de cette espèce, originairement véritable, pour l'approprier à une personne autre que celle à laquelle il a été primitivement délivré ; 2° à tout individu qui se sera servi du certificat ainsi fabriqué ou falsifié.

Si ce certificat est fabriqué sous le nom d'un simple particulier, la fabrication et l'usage seront punis de quinze jours à six mois d'emprisonnement.

164. Il sera prononcé contre les coupables une amende dont le minimum sera de cent francs et le maximum de trois mille francs ; l'amende pourra cependant être portée jusqu'au quart du bénéfice illégitime que le faux aura procuré ou était destiné à procurer aux auteurs du crime ou du délit, à leurs complices ou à ceux qui ont fait usage de la pièce fausse.

Des concussions commises par des fonctionnaires publics.

174. Tous fonctionnaires, tous officiers publics, leurs commis ou préposés, tous percepteurs des droits, taxes, contributions, deniers, revenus publics ou communaux, et leurs commis ou préposés, qui se seront rendus coupables du crime de concussion, en ordonnant de percevoir ou en exigeant ou en recevant ce qu'ils savaient n'être pas dû ou excéder ce qui était dû pour droits, taxes, contributions, deniers ou revenus, ou pour salaires ou traitements, seront punis, savoir : les fonctionnaires ou les officiers publics, de la peine de la reclusion, et leurs commis ou préposés d'un emprisonnement de deux ans au moins et de cinq ans au plus, lorsque la totalité des sommes indûment exigées ou reçues, ou dont la perception a été ordonnée, a été supérieure à trois cents francs.

Toutes les fois que la totalité de ces sommes n'excédera pas trois cents francs, les fonctionnaires ou les officiers publics ci-dessus désignés seront punis d'un emprisonnement de deux à cinq ans, et leurs commis ou préposés d'un emprisonnement d'une année au moins et de quatre ans au plus.

La tentative de ce délit sera punie comme le délit lui-même.

Dans tous les cas où la peine d'emprisonnement sera prononcée, les coupables pourront, en outre, être privés des droits mentionnés en l'article 42 (1) du présent Code pendant cinq ans au moins et dix ans au plus, à compter du jour où ils auront subi leur peine; ils pourront aussi être mis, par l'arrêt ou le jugement, sous la surveillance de la haute police pendant le même nombre d'années.

Dans tous les cas prévus par le présent article, les coupables seront condamnés à une amende dont le maximum sera le quart des restitutions et des dommages-intérêts et le minimum le douzième.

Les dispositions du présent article sont applicables aux greffiers et officiers ministériels, lorsque le fait a été commis à l'occasion des recettes dont ils sont chargés par la loi.

De la corruption des fonctionnaires publics.

177. Tout fonctionnaire public de l'ordre administratif ou judiciaire, tout agent ou préposé d'une administration publique, qui aura agréé des offres ou promesses, ou reçu des dons ou présents, pour faire un acte de sa fonction ou de son emploi, même juste, mais non sujet à salaire, sera puni de la dégradation civique, et condamné à une amende double de la valeur des promesses agréées ou des choses reçues, sans que ladite amende puisse être inférieure à deux cents francs.

La présente disposition est applicable à tout fonctionnaire, agent ou préposé de la qualité ci-dessus exprimée, qui, par offres ou promesses agréées, dons ou présents reçus, se sera abstenu de faire un acte qui entrait dans l'ordre de ses devoirs.

Sera puni de la même peine, tout arbitre ou expert nommé soit par le tribunal, soit par les parties, qui aura agréé des offres ou promesses, ou reçu des dons ou présents, pour rendre une décision ou donner une opinion favorable à l'une des parties.

179. Quiconque aura contraint ou tenté de contraindre par voies de fait ou menaces, corrompu ou tenté de corrompre par promesses, offres, dons ou présents, l'une des personnes de la qualité exprimée en l'article 177, pour obtenir soit une opinion favorable, soit des procès-verbaux, états, certificats ou estimations contraires à la vérité, soit des places, emplois, adjudications, entreprises ou autres bénéfices quelconques, soit tout autre acte du ministère du fonctionnaire, agent ou préposé, soit enfin l'abstention d'un acte qui rentrait dans l'exercice de ses devoirs, sera puni des mêmes peines que la personne corrompue.

Toutefois, si les tentatives de contrainte ou corruption n'ont eu aucun effet, les auteurs de ces tentatives seront simplement punis d'un emprisonnement de trois mois au moins et de six mois au plus, et d'une amende de cent francs à trois cents francs.

Outrages et violences envers les dépositaires de l'autorité et de la force publique.

222. Lorsqu'un ou plusieurs magistrats de l'ordre administratif ou judiciaire, lorsqu'un ou plusieurs jurés auront reçu, dans l'exercice de leurs fonctions ou à l'occasion de cet exercice, quelque outrage par paroles, par écrit ou dessin non rendus publics, tendant, dans ces divers cas, à inculper leur honneur ou leur délicatesse, celui qui leur aura adressé cet outrage sera puni d'un emprisonnement de quinze jours à deux ans.

Si l'outrage par paroles a eu lieu à l'audience d'une cour ou d'un tribunal, l'emprisonnement sera de deux à cinq ans.

223. L'outrage fait par gestes ou menaces à un magistrat ou à un juré, dans l'exercice ou à l'occasion de l'exercice de ses fonctions, sera puni d'un mois à six mois d'emprisonnement ; et si l'outrage a eu lieu à l'audience d'une cour ou d'un tribunal, il sera puni d'un emprisonnement d'un mois à deux ans.

224. L'outrage fait par paroles, gestes ou menaces à tout officier ministériel ou agent dépositaire de la force publique, et à tout citoyen chargé d'un ministère de service public, dans l'exercice ou à l'occasion de l'exercice de ses fonctions, sera puni d'un emprisonnement de six jours à un mois et d'une amende de seize francs à deux cents francs, ou de l'une de ces deux peines seulement.

225. L'outrage mentionné en l'article précédent, lorsqu'il aura été dirigé contre un commandant de la force publique, sera puni d'un emprisonnement de quinze jours à trois mois, et pourra l'être aussi d'une amende de seize francs à cinq cents francs.

228. Tout individu qui, même sans armes et sans qu'il en soit résulté de blessures, aura frappé un magistrat dans l'exercice de ses fonctions, ou à l'occasion de cet exercice, ou commis toute autre violence ou voie de fait envers lui dans les mêmes circonstances, sera puni d'un emprisonnement de deux à cinq ans.

Le maximum de cette peine sera toujours prononcé

(1) V. 4e partie, p. 94.

si la voie de fait a eu lieu à l'audience d'une cour ou d'un tribunal.

Le coupable pourra, en outre, dans les deux cas, être privé des droits mentionnés en l'article 42 (1) du présent Code pendant cinq ans au moins et dix ans au plus à compter du jour où il aura subi sa peine, et être placé sous la surveillance de la haute police pendant le même nombre d'années.

230. Les violences ou voies de fait de l'espèce exprimée en l'article 228, dirigées contre un officier ministériel, un agent de la force publique, ou un citoyen chargé d'un ministère de service public, si elles ont eu lieu pendant qu'ils exerçaient leur ministère ou à cette occasion, seront punies d'un emprisonnement d'un mois au moins et de trois ans au plus, et d'une amende de seize francs à cinq cents francs.

Évasion de détenus.

238. Si l'évadé était prévenu de délits de police ou de crimes simplement infamants, ou condamné pour l'un de ces crimes, s'il était prisonnier de guerre, les préposés à sa garde ou conduite seront punis, en cas de négligence, d'un emprisonnement de six jours à deux mois ; et, en cas de connivence, d'un emprisonnement de six mois à deux ans.

Ceux qui, n'étant pas chargés de la garde ou de la conduite du détenu, auront procuré ou facilité son évasion, seront punis de six jours à trois mois d'emprisonnement.

241. Si l'évasion a eu lieu ou a été tentée avec violence ou bris de prison, les peines contre ceux qui l'auront favorisée en fournissant des instruments propres à l'opérer, seront :

Si le détenu qui s'est évadé se trouve dans le cas prévu par l'article 238, trois mois à deux ans d'emprisonnement; au cas de l'article 239 (2), un an à quatre ans d'emprisonnement ; et au cas de l'article 240 (2), deux ans à cinq ans de la même peine et une amende de cinquante francs à deux mille francs.

Dans ce dernier cas, les coupables pourront, en outre, être privés des droits mentionnés en l'article 42 (1) du présent Code pendant cinq ans au moins et dix ans au plus, à compter du jour où ils auront subi leur peine.

Bris de scellés et enlèvement de pièces dans les dépôts publics.

251. Quiconque aura, à dessein, brisé ou tenté de briser des scellés apposés sur des papiers ou effets de la qualité énoncée en l'article précédent, ou participé au bris des scellés ou à la tentative de bris de scellés, sera puni d'un emprisonnement d'un an à trois ans.

Si c'est le gardien lui-même qui a brisé les scellés ou participé au bris des scellés, il sera puni d'un emprisonnement de deux à cinq ans.

Dans l'un et l'autre cas, le coupable sera condamné à une amende de cinquante francs à deux mille francs.

Il pourra, en outre, être privé des droits mentionnés en l'article 42 (1) du présent Code pendant cinq ans au moins et dix ans au plus, à compter du jour où il aura subi sa peine; il pourra aussi être placé, pendant le même nombre d'années, sous la surveillance de la haute police.

Mendicité et vagabondage.

279. Tout mendiant ou vagabond qui aura exercé ou tenté d'exercer quelque acte de violence que ce soit envers les personnes, sera puni d'un emprisonnement de deux à cinq ans, sans préjudice de peines plus fortes, s'il y a lieu, à raison du genre et des circonstances de la violence.

Si le mendiant ou le vagabond qui a exercé ou tenté d'exercer des violences se trouvait, en outre, dans l'une des circonstances exprimées par l'art. 277 (1), il sera puni de la reclusion.

Menaces.

305. Quiconque aura menacé, par écrit anonyme ou signé, d'assassinat, d'empoisonnement ou de tout autre attentat contre les personnes, qui serait punissable de la peine de mort, des travaux forcés à perpétuité ou de la déportation, sera, dans le cas où la menace aurait été faite avec ordre de déposer une somme d'argent dans un lieu indiqué, ou de remplir toute autre condition, puni d'un emprisonnement de deux ans à cinq ans et d'une amende de cent cinquante à mille francs.

Le coupable pourra, en outre, être privé des droits mentionnés en l'article 42 (2) du présent Code pendant cinq ans au moins et dix ans au plus, à compter du jour où il aura subi sa peine.

Le coupable pourra être mis aussi sous la surveillance de la haute police pendant cinq ans au moins et dix ans au plus, à dater du jour où il aura subi sa peine.

306. Si cette menace n'a été accompagnée d'aucun ordre ou condition, la peine sera d'un emprisonnement d'une année au moins et de trois ans au plus, et d'une amende de cent francs à six cents francs.

Dans ce cas, comme dans celui de l'article précédent, la peine de la surveillance pourra être prononcée contre le coupable.

307. Si la menace faite avec ordre ou sous condition a été verbale, le coupable sera puni d'un emprisonnement de six mois à deux ans, et d'une amende de vingt-cinq francs à trois cents francs.

Dans ce cas, comme dans celui des précédents articles, la peine de la surveillance pourra être prononcée contre le coupable.

308. Quiconque aura menacé verbalement ou par écrit de voies de fait ou violences non prévues par l'article 305, si la menace a été faite avec ordre ou sous condition, sera puni d'un emprisonnement de six jours à trois mois et d'une amende de seize francs à cent francs ou de l'une de ces deux peines seulement.

Coups et blessures volontaires.

309. Tout individu qui, volontairement, aura fait des blessures ou porté des coups, ou commis toute autre violence ou voie de fait, s'il est résulté de ces sortes de violences une maladie ou incapacité de travail personnel pendant plus de vingt jours, sera puni d'un emprisonnement de deux ans à cinq ans, et d'une amende de seize francs à deux mille francs.

Il pourra, en outre, être privé des droits mentionnés en l'article 42 (2) du présent Code pendant cinq ans au moins et dix ans au plus, à compter du jour où il aura subi sa peine.

Quand les violences ci-dessus exprimées auront été suivies de mutilation, amputation ou privation de l'usage d'un membre, cécité, perte d'un œil ou autres infirmités permanentes, le coupable sera puni de la reclusion.

Si les coups portés ou les blessures faites volontairement, mais sans intention de donner la mort, l'ont pourtant occasionnée, le coupable sera puni de la peine des travaux forcés à temps.

310. Lorsqu'il y aura eu préméditation ou guet-apens, la peine sera, si la mort s'en est suivie, celle

(1) V. 4e partie, p. 94.
(2) V. 4e partie, p. 112.

(1) V. 4e partie, p. 115.
(2) V. 4e partie, p. 94.

des travaux forcés à perpétuité; si les violences ont été suivies de mutilation, amputation ou privation de l'usage d'un membre, cécité, perte d'un œil ou autres infirmités permanentes, la peine sera celle des travaux forcés à temps; dans le cas prévu par le premier paragraphe de l'article 309, la peine sera celle de la reclusion.

311. Lorsque les blessures ou les coups, ou autres violences ou voies de fait, n'auront occasionné aucune maladie ou incapacité de travail personnel de l'espèce mentionnée en l'article 309, le coupable sera puni d'un emprisonnement de six jours à deux ans et d'une amende de seize francs à deux cents francs, ou de l'une de ces deux peines seulement.

S'il y a eu préméditation ou guet-apens, l'emprisonnement sera de deux ans à cinq ans, et l'amende de cinquante francs à cinq cents francs.

312. L'individu qui aura volontairement fait des blessures ou porté des coups à ses père ou mère légitimes, naturels ou adoptifs, ou autres ascendants légitimes, sera puni ainsi qu'il suit :

De la reclusion, si les blessures ou les coups n'ont occasionné aucune maladie ou incapacité de travail personnel de l'espèce mentionnée en l'article 309 ;

Du maximum de la reclusion, s'il y a eu incapacité de travail pendant plus de vingt jours, ou préméditation, ou guet-apens ;

Des travaux forcés à temps, lorsque l'article auquel le cas se référera prononcera la peine de la reclusion;

Des travaux forcés à perpétuité, si l'article prononce la peine des travaux forcés à temps.

320. S'il n'est résulté du défaut d'adresse ou de précaution que des blessures ou coups, le coupable sera puni de six jours à deux mois d'emprisonnement et d'une amende de seize francs à cent francs, ou de l'une de ces deux peines seulement.

Attentats aux mœurs.

330. Toute personne qui aura commis un outrage public à la pudeur sera punie d'un emprisonnement de trois mois à deux ans, et d'une amende de seize francs à deux cents francs.

331. Tout attentat à la pudeur consommé ou tenté sans violence sur la personne d'un enfant de l'un ou de l'autre sexe, âgé de moins de treize ans, sera puni de la reclusion.

Sera puni de la même peine l'attentat à la pudeur commis par tout ascendant sur la personne d'un mineur, même âgé de plus de treize ans, mais non émancipé par le mariage.

333. Si les coupables sont les ascendants de la personne sur laquelle a été commis l'attentat, s'ils sont de la classe de ceux qui ont autorité sur elle, s'ils sont ses instituteurs ou ses serviteurs à gages, ou serviteurs à gages des personnes ci-dessus désignées, s'ils sont fonctionnaires ou ministres d'un culte, ou si le coupable, quel qu'il soit, a été aidé dans son crime par une ou plusieurs personnes, la peine sera celle des travaux forcés à temps, dans le cas prévu par le paragraphe 1er de l'article 331, et des travaux forcés à perpétuité, dans les cas prévus par l'article précédent.

Crimes et délits envers l'enfant.

345. Les coupables d'enlèvement, de recélé ou de suppression d'un enfant, de substitution d'un enfant à un autre, ou de supposition d'un enfant à une femme qui ne sera pas accouchée seront punis de la reclusion

S'il n'est pas établi que l'enfant ait vécu, la peine sera d'un mois à cinq ans d'emprisonnement.

S'il est établi que l'enfant n'a pas vécu, la peine sera de six jours à deux mois d'emprisonnement.

Seront punis de la reclusion ceux qui, étant chargés d'un enfant, ne le représenteront point aux personnes qui ont droit de le réclamer.

Faux témoignage.

361. Quiconque sera coupable de faux témoignage en matière criminelle, soit contre l'accusé, soit en sa faveur, sera puni de la peine de la reclusion.

Si néanmoins l'accusé a été condamné à une peine plus forte que celle de la reclusion, le faux témoin qui a déposé contre lui subira la même peine.

362. Quiconque sera coupable de faux témoignage en matière correctionnelle, soit contre le prévenu, soit en sa faveur, sera puni d'un emprisonnement de deux ans au moins et de cinq ans au plus, et d'une amende de cinquante francs à deux mille francs.

Si néanmoins le prévenu a été condamné à plus de cinq années d'emprisonnement, le faux témoin qui a déposé contre lui subira la même peine

Quiconque sera coupable de faux témoignage en matière de police, soit contre le prévenu, soit en sa faveur, sera puni d'un emprisonnement d'un an au moins et de trois ans au plus, et d'une amende de seize francs à cinq cents francs.

Dans ces deux cas, les coupables pourront, en outre, être privés des droits mentionnés en l'article 42 (1) du présent Code, pendant cinq ans au moins et dix ans au plus, à compter du jour où ils auront subi leur peine, et être placés sous la surveillance de la haute police pendant le même nombre d'années.

363. Le coupable de faux témoignage, en matière civile, sera puni d'un emprisonnement de deux à cinq ans, et d'une amende de cinquante francs à deux mille francs. Il pourra l'être aussi des peines accessoires mentionnées dans l'article précédent.

364. Le faux témoin, en matière criminelle, qui aura reçu de l'argent, une récompense quelconque ou des promesses, sera puni des travaux forcés à temps, sans préjudice de l'application du deuxième paragraphe de l'article 361.

Le faux témoin, en matière correctionnelle ou civile, qui aura reçu de l'argent, une récompense quelconque ou des promesses, sera puni de la reclusion.

Le faux témoin, en matière de police, qui aura reçu de l'argent, une récompense quelconque ou des promesses, sera puni d'un emprisonnement de deux à cinq ans, et d'une amende de cinquante francs à deux mille francs.

Il pourra l'être aussi des peines accessoires mentionnées en l'article 362.

Dans tous les cas, ce que le faux témoin aura reçu sera confisqué.

366. Celui à qui le serment aura été déféré ou référé en matière civile, et qui aura fait un faux serment, sera puni d'un emprisonnement d'une année au moins et de cinq ans au plus, et d'une amende de cent francs à trois mille francs.

Il pourra, en outre, être privé des droits mentionnés en l'article 42 (1) du présent Code, pendant cinq ans au moins et dix ans au plus, à compter du jour où il aura subi sa peine, et être placé sous la surveillance de la haute police pendant le même nombre d'années.

CRIMES ET DÉLITS CONTRE LES PROPRIÉTÉS.

Vol.

382. Sera puni de la peine des travaux forcés à temps tout individu coupable de vol commis à l'aide de violence. Si la violence à l'aide de laquelle le vol a été commis a laissé des traces de blessures ou de contusions, cette circonstance suffira pour que la peine des travaux forcés à perpétuité soit prononcée.

(1) V. 1e partie p. 91.

385. Sera également puni de la peine des travaux forcés à temps tout individu coupable de vol commis avec deux des trois circonstances suivantes :

1° Si le vol a été commis la nuit ;

2° S'il a été commis dans une maison habitée, ou dans un des édifices consacrés aux cultes légalement établis en France ;

3° S'il a été commis par deux ou plusieurs personnes ;

Et si, en outre, le coupable, ou l'un des coupables, était porteur d'armes apparentes ou cachées.

387. Les voituriers, bateliers ou leurs préposés qui auront altéré ou tenté d'altérer des vins ou toute autre espèce de liquides ou marchandises, dont le transport leur avait été confié, et qui auront commis ou tenté de commettre cette altération par le mélange de substances malfaisantes, seront punis d'un emprisonnement de deux à cinq ans et d'une amende de vingt-cinq francs à cinq cents francs.

Ils pourront, en outre, être privés des droits mentionnés en l'article 42 (1) du présent Code pendant cinq ans au moins et dix ans au plus ; ils pourront aussi être mis, par l'arrêt ou le jugement, sous la surveillance de la haute police pendant le même nombre d'années.

S'il n'y a pas eu mélange de substances malfaisantes, la peine sera un emprisonnement d'un mois à un an, et une amende de 16 francs à cent francs.

389. Tout individu qui, pour commettre un vol, aura enlevé ou tenté d'enlever des bornes servant de séparation aux propriétés, sera puni d'un emprisonnement de deux ans à cinq ans et d'une amende de seize francs à cinq cents francs.

Le coupable pourra, en outre, être privé des droits mentionnés en l'art. 42 (1) pendant cinq ans au moins et dix ans au plus, à compter du jour où il aura subi sa peine, et être mis, par l'arrêt ou le jugement, sous la surveillance de la haute police pendant le même nombre d'années.

399. Quiconque aura contrefait ou altéré des clefs sera condamné à un emprisonnement de trois mois à deux ans et à une amende de vingt-cinq francs à cent cinquante francs.

Si le coupable est un serrurier de profession, il sera puni d'un emprisonnement de deux ans à cinq ans et d'une amende de cinquante fr. à cinq cents fr.

Il pourra, en outre, être privé de tout ou partie des droits mentionnés en l'article 42 (1) pendant cinq ans au moins et dix ans au plus, à compter du jour où il aura subi sa peine ; il pourra aussi être mis, par l'arrêt ou le jugement, sous la surveillance de la haute police pendant le même nombre d'années.

Le tout, sans préjudice de plus fortes peines, s'il y échet, en cas de complicité de crime.

400. Quiconque aura extorqué par force, violence ou contrainte, la signature ou la remise d'un écrit, d'un acte, d'un titre, d'une pièce quelconque contenant ou opérant obligation, disposition ou décharge, sera puni de la peine des travaux forcés à temps.

Quiconque, à l'aide de la menace écrite ou verbale, de révélations ou d'imputations diffamatoires, aura extorqué ou tenté d'extorquer, soit la remise de fonds ou valeurs, soit la signature ou remise des écrits énumérés ci-dessus, sera puni d'un emprisonnement d'un an à cinq ans et d'une amende de cinquante francs à trois mille francs

Le saisi qui aura détruit, détourné ou tenté de détruire ou de détourner des objets saisis sur lui et confiés à sa garde, sera puni des peines portées en l'article 406 (2).

(1) V. 4e partie, p. 94.

(2) V. 4e partie, p. 126.

Il sera puni des peines portées en l'article 401 (1), si la garde des objets saisis et qu'il aura détruits ou détournés ou tenté de détruire ou de détourner avait été confiée à un tiers.

Les peines de l'art. 401 (1) seront également applicables à tout débiteur, emprunteur ou tiers donneur de gage qui aura détruit, détourné ou tenté de détruire ou de détourner des objets par lui donnés à titre de gages.

Celui qui aura recélé sciemment les objets détournés, le conjoint, les ascendants et descendants du saisi, du débiteur, de l'emprunteur ou tiers donneur de gage qui l'auront aidé dans la destruction, le détournement ou dans la tentative de destruction ou de détournement de ces objets, seront punis d'une peine égale à celle qu'il aura encourue.

405. Quiconque, soit en faisant usage de faux noms ou de fausses qualités, soit en employant des manœuvres frauduleuses pour persuader l'existence de fausses entreprises, d'un pouvoir ou d'un crédit imaginaire, ou pour faire naître l'espérance ou la crainte d'un succès, d'un accident ou de tout autre événement chimérique, se sera fait remettre ou délivrer, ou aura tenté de se faire remettre ou délivrer des fonds, des meubles ou des obligations, dispositions, billets, promesses, quittances ou décharges, et aura, par un de ces moyens, escroqué ou tenté d'escroquer la totalité ou partie de la fortune d'autrui, sera puni d'un emprisonnement d'un an au moins et de cinq ans au plus, et d'une amende de cinquante francs au moins et de trois mille francs au plus.

Le coupable pourra être, en outre, à compter du jour où il aura subi sa peine, interdit, pendant cinq ans au moins et dix ans au plus, des droits mentionnés en l'article 42 (2) du présent Code ; le tout sauf les peines plus graves s'il y a eu crime de faux.

408. Quiconque aura détourné ou dissipé, au préjudice des propriétaires, possesseurs ou détenteurs, des effets, deniers, marchandises, billets, quittances ou tous autres écrits contenant ou opérant obligation ou décharge, qui ne lui auraient été remis qu'à titre de louage, de dépôt, de mandat, de nantissement, de prêt à usage, ou pour un travail salarié ou non salarié à la charge de les rendre ou représenter, ou d'en faire un usage ou un emploi déterminé, sera puni des peines portées en l'article 406 (3).

Si l'abus de confiance prévu et puni par le précédent paragraphe a été commis par un officier public ou ministériel, ou par un domestique, homme de service à gages, élève, clerc, commis, ouvrier, compagnon ou apprenti, au préjudice de son maître, la peine sera celle de la reclusion.

Le tout sans préjudice de ce qui est dit aux articles 254, 255 et 256 (4), relativement aux soustractions et enlèvements de deniers, effets ou pièces, commis dans les dépôts publics.

Violation des règlements relatifs aux manufactures.

418. Tout directeur, commis, ouvrier de fabrique, qui aura communiqué ou tenté de communiquer à des étrangers ou à des Français résidant en pays étrangers des secrets de la fabrique où il est employé, sera puni d'un emprisonnement de deux ans à cinq ans et d'une amende de cinq cents fr. à vingt mille fr.

Il pourra, en outre, être privé des droits mentionnés en l'art. 42 (2) du présent Code pendant cinq ans au moins et dix ans au plus, à compter du jour où il aura subi sa peine. Il pourra aussi être mis sous la

(1) V. 4e partie, p. 125.

(2) V. 4e partie, p. 94.

(3) V. 4e partie, p. 126.

(4) V. 4e partie, p. 113.

surveillance de la haute police pendant le même nombre d'années.

Si ces secrets ont été communiqués à des Français résidant en France, la peine sera d'un emprisonnement de trois mois à deux ans et d'une amende de seize francs à deux cents francs.

Le maximum de la peine prononcée par les paragraphes 1er et 3 du présent article sera nécessairement appliqué, s'il s'agit de secrets de fabriques d'armes et munitions de guerre appartenant à l'État.

423. Quiconque aura trompé l'acheteur sur le titre des matières d'or ou d'argent, sur la qualité d'une pierre fausse vendue pour fine, sur la nature de toutes marchandises ; quiconque, par usage de faux poids ou de fausses mesures, aura trompé sur la quantité des choses vendues, sera puni de l'emprisonnement pendant trois mois au moins, un an au plus, et d'une amende qui ne pourra excéder le quart des restitutions et dommages-intérêts, ni être au-dessous de cinquante francs.

Les objets du délit, ou leur valeur, s'ils appartiennent encore au vendeur, seront confisqués ; les faux poids ou les fausses mesures seront aussi confisqués, et de plus seront brisés.

Le tribunal pourra ordonner l'affiche du jugement dans les lieux qu'il désignera, et son insertion intégrale ou par extrait dans tous les journaux qu'il désignera, le tout aux frais du condamné.

Destructions. — Dommages.

434. Quiconque aura volontairement mis le feu à des édifices, navires, bateaux, magasins, chantiers, quand ils sont habités ou servent à l'habitation, et généralement aux lieux habités ou servant à l'habitation, qu'ils appartiennent ou n'appartiennent pas à l'auteur du crime, sera puni de mort.

Sera puni de la même peine quiconque aura volontairement mis le feu soit à des voitures ou wagons contenant des personnes, soit à des voitures ou wagons ne contenant pas des personnes, mais faisant partie d'un convoi qui en contient.

Quiconque aura mis volontairement le feu à des édifices, navires, bateaux, magasins, chantiers, lorsqu'ils ne sont ni habités ni servant à l'habitation, ou à des forêts, bois taillis ou récoltes sur pied, lorsque ces objets ne lui appartiennent pas, sera puni de la peine des travaux forcés à perpétuité.

Celui qui, en mettant ou en faisant mettre le feu à l'un des objets énumérés dans le paragraphe précédent et à lui-même appartenant, aura volontairement causé un préjudice quelconque à autrui, sera puni des travaux forcés à temps ; sera puni de la même peine celui qui aura mis le feu sur l'ordre du propriétaire.

Quiconque aura volontairement mis le feu, soit à des pailles ou récoltes en tas ou en meules, soit à des bois disposés en tas ou en stères, soit à des voitures ou wagons chargés ou non chargés de marchandises, ou autres objets mobiliers et ne faisant point partie d'un convoi contenant des personnes, si ces objets ne lui appartiennent pas, sera puni des travaux forcés à temps.

Celui qui, en mettant ou en faisant mettre le feu à l'un des objets énumérés dans le paragraphe précédent et à lui-même appartenant, aura volontairement causé un préjudice quelconque à autrui, sera puni de la reclusion ; sera puni de la même peine celui qui aura mis le feu sur l'ordre du propriétaire.

Celui qui aura communiqué l'incendie à l'un des objets énumérés dans les précédents paragraphes, en mettant volontairement le feu à des objets quelconques appartenant soit à lui, soit à autrui, et placés de manière à communiquer ledit incendie, sera puni de la même peine que s'il avait directement mis le feu à l'un desdits objets.

Dans tous les cas, si l'incendie a occasionné la mort d'une ou de plusieurs personnes, se trouvant dans les lieux incendiés au moment où il a éclaté, la peine sera la mort.

437. Quiconque, volontairement, aura détruit ou renversé par quelque moyen que ce soit, en tout ou en partie, des édifices, des ponts, digues ou chaussées ou autres constructions qu'il savait appartenir à autrui, ou causé l'explosion d'une machine à vapeur, sera puni de la reclusion et d'une amende qui ne pourra excéder le quart des restitutions et indemnités ni être au-dessous de cent francs.

S'il y a eu homicide ou blessures, le coupable sera, dans le premier cas, puni de mort, et, dans le second, puni de la peine des travaux forcés à temps.

443. Quiconque, à l'aide d'une liqueur corrosive ou par tout autre moyen, aura volontairement détérioré des marchandises, matières ou instruments quelconques servant à la fabrication, sera puni d'un emprisonnement d'un mois à deux ans, et d'une amende qui ne pourra excéder le quart des dommages-intérêts ni être moindre de seize francs.

Si le délit a été commis par un ouvrier de la fabrique ou par un commis de la maison de commerce, l'emprisonnement sera de deux à cinq ans, sans préjudice de l'amende, ainsi qu'il vient d'être dit.

Dispositions générales.

463. Les peines prononcées par la loi contre celui ou ceux des accusés reconnus coupables, en faveur de qui le jury aura déclaré les circonstances atténuantes, seront modifiées ainsi qu'il suit :

Si la peine prononcée par la loi est la mort, la cour appliquera la peine des travaux forcés à perpétuité ou celle des travaux forcés à temps.

Si la peine est celle des travaux forcés à perpétuité, la cour appliquera la peine des travaux forcés à temps ou celle de la reclusion.

Si la peine est celle de la déportation dans une enceinte fortifiée, la cour appliquera celle de la déportation simple ou celle de la détention ; mais dans les cas prévus par les articles 96 et 97 (1), la peine de la déportation simple sera seule appliquée.

Si la peine est celle de la déportation, la cour appliquera la peine de la détention ou celle du bannissement.

Si la peine est celle des travaux forcés à temps, la cour appliquera la peine de la reclusion ou les dispositions de l'art. 401 (2), sans toutefois pouvoir réduire la durée de l'emprisonnement au-dessous de deux ans.

Si la peine est celle de la reclusion, de la détention, du bannissement ou de la dégradation civique, la cour appliquera les dispositions de l'art 401 (2), sans toutefois pouvoir réduire la durée de l'emprisonnement au-dessous d'un an.

Dans le cas où le Code prononce le maximum d'une peine afflictive, s'il existe des circonstances atténuantes, la cour appliquera le minimum de la peine ou même la peine inférieure.

Dans tous les cas où la peine de l'emprisonnement et celle de l'amende sont prononcées par le Code pénal, si les circonstances paraissent atténuantes, les tribunaux correctionnels sont autorisés, même en cas de récidive, à réduire ces deux peines comme suit :

Si la peine prononcée par la loi, soit à raison de la nature du délit, soit à raison de l'état de récidive du prévenu, est un emprisonnement dont le minimum ne soit pas inférieur à un an ou une amende dont le minimum ne soit pas inférieur à cinq cents francs, les tribunaux pourront réduire l'emprisonnement jusqu'à six jours et l'amende jusqu'à seize francs.

---

(1) V. 4e partie, p. 100.
(2) V. 4e partie, p. 125.

Dans tous les autres cas, ils pourront réduire l'emprisonnement même au-dessous de six jours et l'amende même au-dessous de seize francs. Ils pourront aussi prononcer séparément l'une ou l'autre de ces peines et même substituer l'amende à l'emprisonnement, sans qu'en aucun cas elle puisse être au-dessous des peines de simple police.

490

16 mai 1863 (n° 11,248).—*Décret impérial qui fixe les délais pendant lesquels les lettres déposées après les levées générales pourront être expédiées, moyennant une taxe supplémentaire.*

ART. 1er. Sont fixés ainsi qu'il suit les délais pendant lesquels les lettres déposées après les levées générales pourront être expédiées, moyennant une taxe supplémentaire :

1er *Délai*. (Taxe supplémentaire de vingt centimes) le premier quart d'heure qui suit la dernière levée générale ;

2e *Délai*. (Taxe supplémentaire de quarante centimes) le quart d'heure suivant ;

3e *Délai*. (Taxe supplémentaire de soixante centimes) jusqu'à la clôture des dépêches.

2. Provisoirement les dispositions du présent décret ne seront applicables qu'à Paris pour les courriers du soir, et dans les bureaux qui seront désignés par le directeur général des postes.

491

16 mai 1863 (11e série, n° 11,255).—*Loi sur les douanes.*

ART. 1 à 9. . . . . (1).

DISPOSITIONS RELATIVES AU TRANSIT.

10. Les exclusions ou restrictions de transit, résultant des articles 1, 2 et 3 de la loi du 9 février 1832 (2), sont supprimées, sauf pour les munitions de guerre et les contrefaçons en librairie.

Le transit des armes de guerre est réglé par les dispositions de la loi du 11 juillet 1860 (3).

11. Sont admises au transit en tous sens, par les bureaux des frontières de terre ouverts au transit, les marchandises désignées en l'article 22 de la loi du 28 avril 1816 (4).

12. Les marchandises exemptes de droits à l'entrée et à la sortie ne sont pas soumises aux restrictions et formalités prescrites pour le transit, elles sont seulement assujetties aux déclarations et vérifications imposées à toutes les denrées qui entrent sur le territoire de l'Empire ou qui en sortent.

13. Ne sont assujetties qu'au simple passavant et sont affranchies du plombage les marchandises exemptes de droit à l'entrée seulement et passibles de taxes à la sortie.

Les dispositions du présent article et celles de l'article 12 ne sont pas applicables aux boissons fermentées ou distillées, lesquelles continuent, dans tous les cas, à être soumises à l'acquit-à-caution.

14. Le prélèvement d'échantillons, toutes les fois qu'il sera possible, pourra être substitué au double emballage et au double plombage.

15. Est rapportée la disposition de l'article 12 de la loi du 9 février 1832 (1), qui exige la présentation au bureau des douanes de seconde ligne des marchandises expédiées en transit et le visa par les employés des acquits-à-caution relatifs à ces marchandises.

16. Est pareillement abrogé l'article 13 de la même loi (1) qui interdit de présenter pour le transit, dans le même colis, des marchandises d'espèces ou de qualités différentes.

17. Lorsque la perte, résultant de force majeure, de marchandises expédiées en transit, sera dûment constatée, l'administration pourra dispenser les soumissionnaires du paiement des droits d'entrée, ou de la simple valeur, si la marchandise est d'espèce prohibée.

18. Des décrets détermineront, pour les marchandises admises au transit, et sous les peines déterminées par la loi, les conditions et formalités qui devront être remplies, en ce qui concerne les déclarations, la nature et la forme des récipients et emballages, le plombage, l'estampillage et le prélèvement d'échantillons.

DISPOSITIONS RÉGLEMENTAIRES.

19. L'exemption des droits, soit à l'entrée, soit à la sortie, ne dispensera pas de faire aux douanes les déclarations prescrites par la loi, selon les spécifications et unités énoncées au tarif général, sous peine de cent francs d'amende à défaut de déclaration, ou au cas de fausse déclaration.

20. . . . . (2).

21. Le bénéfice de la réfaction des droits résultant des articles 54 à 59 de la loi du 21 avril 1818 (3) cessera d'être appliqué.

22 à **30.** . . . . (2).

RECHERCHE, DANS L'INTÉRIEUR, DES MARCHANDISES PROHIBÉES.

31. Les dispositions du titre VI de la loi du 28 avril 1816 (article 59 à 68) (4), ainsi que les articles 43 et 44 de la loi du 21 avril 1818 (3), relatives à la recherche et à la saisie, à l'intérieur de l'Empire, des marchandises prohibées, sont et demeurent rapportées.

492

20 mai 1863 (11e série, n° 11,305).—*Loi sur l'instruction des flagrants délits devant les tribunaux correctionnels.*

ART. 1er. Tout inculpé arrêté en état de flagrant délit pour un fait puni de peines correctionnelles est immédiatement conduit devant le procureur impérial, qui l'interroge et, s'il y a lieu, le traduit sur-le-champ à l'audience du tribunal.

Dans ce cas, le procureur impérial peut mettre l'inculpé sous mandat de dépôt.

2. S'il n'y a point d'audience, le procureur impérial est tenu de faire citer l'inculpé pour l'audience du lendemain. Le tribunal est, au besoin, spécialement convoqué.

3. Les témoins peuvent être verbalement requis par tout officier de police judiciaire ou agent de la force publique. Ils sont tenus de comparaître sous les peines portées par l'article 157 du Code d'instruction criminelle (5).

4. Si l'inculpé le demande, le tribunal lui accorde un délai de trois jours au moins pour préparer sa défense.

---

(1) Ces articles sont relatifs à des tarifs. (V. 3e partie, p. 193, note 1).
(2) V. 3e partie, p. 219.
(3) V. Supp., n° 249.
(4) V. 3e partie, p. 213.

(1) V. 3e partie, p. 221.
(2) V. 3e partie, p. 193, note 1.
(3) V. 3e partie, p. 218.
(4) V. 3e partie, p. 216.
(5) V. 4e partie, p. 15.

5. Si l'affaire n'est pas en état de recevoir jugement, le tribunal en ordonne le renvoi, pour plus ample information, à l'une des plus prochaines audiences et, s'il y a lieu, met l'inculpé provisoirement en liberté, avec ou sans caution.

6. L'inculpé, s'il est acquitté, est immédiatement, et nonobstant appel, mis en liberté.

7. La présente loi n'est point applicable aux délits de presse, aux délits politiques, ni aux matières dont la procédure est réglée par des lois spéciales.

493

23 mai 1863 (11e série, n° 11,296).—*Loi sur les sociétés à responsabilité limitée.*

Art. 1er. Il peut être formé, sans l'autorisation exigée par l'article 37 (1) du Code de commerce, des sociétés commerciales dans lesquelles aucun des associés n'est tenu au delà de sa mise.

Ces sociétés prennent le titre de *sociétés à responsabilité limitée.*

Elles sont soumises aux dispositions des articles 29, 30, 32, 33, 34, 36 et 40 (1) du Code de commerce.

Elles sont administrées par un ou plusieurs mandataires à temps, révocables, salariés ou gratuits, pris parmi les associés.

2. Le nombre des associés ne peut être inférieur à sept.

3. Le capital social ne peut excéder vingt millions de francs (20,000,000 fr.).

Il ne peut être divisé en actions ou coupons d'actions de moins de cent francs, lorsqu'il n'excède pas deux cent mille francs, et de moins de cinq cents francs lorsqu'il est supérieur.

Les actions sont nominatives jusqu'à leur entière libération.

Les actions ou coupons d'actions ne sont négociables qu'après le versement des deux cinquièmes.

Les souscripteurs sont, nonobstant toute stipulation contraire, responsables du montant total des actions par eux souscrites.

4. Les sociétés à responsabilité limitée ne peuvent être définitivement constituées qu'après la souscription de la totalité du capital social et le versement du quart au moins du capital qui consiste en numéraire.

Cette souscription et ces versements sont constatés par une déclaration des fondateurs faite par acte notarié.

A cette déclaration sont annexés la liste des souscripteurs, l'état des versements effectués et l'acte de société.

Cette déclaration, avec les pièces à l'appui, est soumise à la première assemblée générale, qui en vérifie la sincérité.

5. Lorsqu'un associé fait un apport qui ne consiste pas en numéraire ou stipule à son profit des avantages particuliers, la première assemblée générale fait apprécier la valeur de l'apport ou la cause des avantages stipulés.

La société n'est définitivement constituée qu'après l'approbation dans une autre assemblée générale, après une nouvelle convocation.

Les associés qui ont fait l'apport ou stipulé les avantages soumis à l'appréciation et à l'approbation de l'assemblée générale n'ont pas voix délibérative.

Cette approbation ne fait pas obstacle à l'exercice ultérieur de l'action qui peut être intentée pour cause de dol ou de fraude.

6. Une assemblée générale est, dans tous les cas, convoquée à la diligence des fondateurs, postérieurement à l'acte qui constate la souscription du capital social et le versement du quart du capital qui consiste en numéraire. Cette assemblée nomme les premiers administrateurs; elle nomme également, pour la première année, les commissaires institués par l'article 15.

Ces administrateurs ne peuvent être nommés pour plus de six ans; ils sont rééligibles, sauf stipulation contraire.

Le procès-verbal de la séance constate l'acceptation des administrateurs et des commissaires présents à la réunion.

La société est constituée a partir de cette acceptation.

7. Les administrateurs doivent être propriétaires, par parts égales, d'un vingtième du capital social.

Les actions formant ce vingtième sont affectées à la garantie de la gestion des administrateurs.

Elles sont nominatives, inaliénables, frappées d'un timbre indiquant l'inaliénabilité et déposées dans la caisse sociale.

8. Dans la quinzaine de la constitution de la société, les administrateurs sont tenus de déposer au greffe du tribunal de commerce : 1° une expédition de l'acte de société et de l'acte constatant la souscription du capital et du versement du quart; 2° une copie certifiée des délibérations prises par l'assemblée générale dans les cas prévus par les articles 4, 5 et 6, et de la liste nominative des souscripteurs, contenant les nom, prénoms, qualités, demeure et le nombre d'actions de chacun d'eux.

Toute personne a le droit de prendre communication des pièces susmentionnées et même de s'en faire délivrer une copie à ses frais.

Les mêmes documents doivent être affichés, d'une manière apparente, dans les bureaux de la société.

9. Dans le même délai de quinzaine, un extrait des actes et délibérations énoncés dans l'article précédent est transcrit, publié et affiché suivant le mode prescrit par l'article 42 (1) du Code de commerce.

L'extrait doit contenir : les noms, prénoms, qualités et demeures des administrateurs; la désignation de la société, de son objet et du siége social; la mention qu'elle est à responsabilité limitée, l'énonciation du montant du capital social, tant en numéraire qu'en autres objets; la quotité à prélever sur les bénéfices pour composer le fonds de réserve; l'époque où la société commence et où elle doit finir, et la date du dépôt au greffe du tribunal de commerce, prescrit par l'article 8.

L'extrait est signé par les administrateurs de la société.

10. Tous actes et délibérations ayant pour objet la modification des statuts, la continuation de la société au delà du terme fixé pour sa durée, la dissolution avant ce terme et le mode de liquidation, sont soumis aux formalités prescrites par les art. 8 et 9.

11. Dans tous les actes, factures, annonces, publications et autres documents émanés des sociétés à responsabilité limitée, la dénomination sociale doit toujours être précédée ou suivie immédiatement de ces mots, écrits lisiblement en toutes lettres : *Société à responsabilité limitée*, et de l'énonciation du capital social.

12. Il est tenu, chaque année au moins, une assemblée générale à l'époque fixée par les statuts. Les statuts déterminent le nombre d'actions qu'il est nécessaire de posséder, soit à titre de propriétaire, soit à titre de mandataire, pour être admis dans l'assemblée, et le nombre de voix appartenant à chaque actionnaire, eu égard au nombre d'actions dont il est porteur.

Néanmoins, dans les premières assemblées géné-

(1) V. 3e partie, p. 4 et 5.

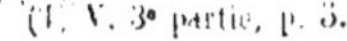

(1) V. 3e partie, p. 5.

rales, appelées à statuer dans les cas prévus par les articles 4, 5 et 6, tous les actionnaires sont admis avec voix délibérative.

13. Dans toutes les assemblées générales, les délibérations sont prises à la majorité des voix.

Il sera tenu une feuille de présence ; elle contient les noms et domiciles des actionnaires et le nombre d'actions dont chacun d'eux est porteur.

Cette feuille, certifiée par le bureau de l'assemblée, est déposée au siége social et doit être communiquée à tout requérant.

14. Les assemblées générales doivent être composées d'un nombre d'actionnaires représentant le quart au moins du capital social.

Si l'assemblée générale ne réunit pas ce nombre, une nouvelle assemblée est convoquée, et elle délibère valablement, quelle que soit la portion du capital représentée par les actionnaires présents.

Mais les assemblées qui délibèrent,

Sur l'objet indiqué dans l'article 5,

Sur la nomination des premiers administrateurs, dans le cas prévu par l'article 6,

Sur la modification des statuts,

Sur des propositions de continuation de la société au delà du terme fixé pour sa durée ou de dissolution avant ce terme,

Ne sont régulièrement constituées et ne délibèrent valablement qu'autant qu'elles sont composées d'un nombre d'actionnaires représentant la moitié au moins du capital social.

Lorsque l'assemblée délibère sur l'objet indiqué dans l'article 5, le capital social, dont la moitié doit être représentée, se compose seulement des apports non soumis à vérification.

15. L'assemblée générale annuelle désigne un ou plusieurs commissaires, associés ou non, chargé de faire un rapport à l'assemblée générale de l'année suivante sur la situation de la société, sur le bilan et sur les comptes présentés par les administrateurs.

La délibération contenant approbation du bilan et des comptes est nulle, si elle n'a été précédée du rapport des commissaires.

A défaut de nomination des commissaires par l'assemblée générale, ou en cas d'empêchement ou de refus d'un ou de plusieurs commissaires nommés, il est procédé à leur nomination ou à leur remplacement par ordonnance du président du tribunal de commerce du siége de la société, à la requête de tout intéressé, les administrateurs dûment appelés.

16. Les commissaires ont droit, toutes les fois qu'ils le jugent convenable, dans l'intérêt social, de prendre communication des livres, d'examiner les opérations de la société et de convoquer l'assemblée générale.

17. Toute société à responsabilité limitée doit dresser, chaque trimestre, un état résumant sa situation active et passive.

Cet état est mis à la disposition des commissaires.

Il est, en outre, établi chaque année, un inventaire contenant l'indication des valeurs mobilières et immobilières et de toutes les dettes actives et passives de la société.

Cet inventaire est présenté à l'assemblée générale.

18. Quinze jours au moins avant la réunion de l'assemblée générale, une copie du bilan résumant l'inventaire et du rapport des commissaires est adressée à chacun des actionnaires connus et déposée au greffe du tribunal de commerce.

Tout actionnaire peut, en outre, prendre au siége social communication de l'inventaire et de la liste des actionnaires.

19. Il est fait annuellement sur les bénéfices nets un prélèvement d'un vingtième au moins, affecté à la formation d'un fonds de réserve.

Ce prélèvement cesse d'être obligatoire lorsque le fonds de réserve a atteint le dixième du capital social.

20. En cas de perte des trois quarts du capital social, les administrateurs sont tenus de provoquer la réunion de l'assemblée générale de tous les actionnaires, à l'effet de statuer sur la question de savoir s'il y a lieu de prononcer la dissolution de la société.

La résolution de l'assemblée est, dans tous les cas, rendue publique dans les formes prescrites par l'article 8. A défaut, par les administrateurs, de réunir l'assemblée générale, tout intéressé peut demander la dissolution de la société devant les tribunaux.

21. Sa dissolution doit être prononcée, sur la demande de tout intéressé, lorsque six mois se sont écoulés depuis l'époque où le nombre des associés a été réduit à moins de sept.

22. Des associés représentant le vingtième au moins du capital social peuvent, dans un intérêt commun, charger à leurs frais un ou plusieurs mandataires d'intenter une action contre les administrateurs à raison de leur gestion, sans préjudice de l'action que chaque associé peut intenter individuellement en son nom personnel.

23. Il est interdit aux administrateurs de prendre ou de conserver un intérêt direct ou indirect dans une opération quelconque, faite avec la société ou pour son compte, à moins qu'ils n'y soient autorisés par l'assemblée générale pour certaines opérations spécialement déterminées.

24. Est nulle et de nul effet, à l'égard des intéressés, toute société à responsabilité limitée pour laquelle n'ont pas été observées les dispositions des articles 1, 3, 4, 5, 6, 7, 8 et 9.

Sont également nuls les actes et délibérations désignés dans l'article 10, s'ils n'ont point été déposés et publiés dans les formes prescrites par les art. 8 et 9.

Cette nullité ne peut être opposée aux tiers par les associés.

25. Lorsque la nullité de la société ou des actes et délibérations a été prononcée, aux termes de l'article 24 ci-dessus, les fondateurs auxquels la nullité est imputable et les administrateurs en fonctions au moment où elle a été encourue sont responsables solidairement et par corps envers les tiers, sans préjudice des droits des actionnaires.

La même responsabilité solidaire peut être prononcée contre ceux des associés dont les apports ou les avantages n'auraient pas été vérifiés et approuvés conformément à l'article 5.

26. L'étendue et les effets de la responsabilité des commissaires envers la société sont déterminés d'après les règles générales du mandat.

27. Les administrateurs sont responsables, conformément aux règles du droit commun, soit envers la société, soit envers les tiers, de tous dommages-intérêts résultant des infractions aux dispositions de la présente loi et des fautes par eux commises dans leur gestion.

Ils sont tenus solidairement du préjudice qu'ils peuvent avoir causé, soit aux tiers, soit aux associés, en distribuant ou en laissant distribuer sans opposition des dividendes qui, d'après l'état de la société constaté par les inventaires, n'étaient pas réellement acquis.

28. Toute contravention à la prescription de l'article 11 est punie d'une amende de cinquante francs à mille francs.

29. Sont punis d'une amende de cinq cents francs à dix mille francs ceux qui, en se présentant comme propriétaires d'actions ou de coupons d'actions qui ne leur appartiennent pas, ont créé frauduleusement une majorité factice dans une assemblée générale, sans préjudice de tous dommages-intérêts, s'il y a lieu, envers la société ou envers les tiers.

La même peine est applicable à ceux qui ont remis les actions pour en faire l'usage frauduleux.

30. L'émission d'actions faite en contravention de l'article 3 est punie d'un emprisonnement de huit jours à six mois, et d'une amende de cinq cents francs à dix mille francs, ou de l'une de ces peines seulement.

La négociation d'actions ou coupons d'actions faite contrairement aux dispositions du même article 3 est punie d'une amende de cinq cents fr. à dix mille fr.

Sont punies de la même peine toute participation à ces négociations, et toute publication de la valeur desdites actions.

31. Sont punis des peines portées par l'article 405 (1) du Code pénal, sans préjudice de l'application de cet article à tous les faits constitutifs du délit d'escroquerie :

1° Ceux qui, par simulation de souscriptions ou de versements, ou par la publication faite de mauvaise foi de souscriptions ou de versements qui n'existent pas ou de tous autres faits faux, ont obtenu ou tenté d'obtenir des souscriptions ou des versements ;

2° Ceux qui, pour provoquer des souscriptions ou des versements, ont, de mauvaise foi, publié les noms de personnes désignées, contrairement à la vérité, comme étant ou devant être attachées à la société à un titre quelconque ;

3° Les administrateurs qui, en l'absence d'inventaires ou au moyen d'inventaires frauduleux, ont opéré ou laissé opérer, sciemment et sans opposition, la répartition de dividendes non réellement acquis.

32. L'article 463 (1) du Code pénal est applicable aux faits prévus par la présente loi.

494

23 mai 1863 (11e série, n° 11,297). — *Loi qui modifie le titre VI du livre Ier du Code de commerce.*

Article unique. Le titre VI du livre Ier du Code de commerce est modifié ainsi qu'il suit :

TITRE VI. — DU GAGE ET DES COMMISSIONNAIRES.

Section Ire. — *Du Gage.*

91. Le gage constitué soit par un commerçant, soit par un individu non commerçant, pour un acte de commerce, se constate, à l'égard des tiers comme à l'égard des parties contractantes, conformément aux dispositions de l'art. 109 (2) du Code de commerce.

Le gage, à l'égard des valeurs négociables, peut aussi être établi par un endossement régulier, indiquant que les valeurs ont été remises en garantie.

A l'égard des actions, des parts d'intérêt et des obligations nominatives des sociétés financières, industrielles, commerciales ou civiles, dont la transmission s'opère par un transfert sur les registres de la société, le gage peut également être établi par un transfert à titre de garantie inscrit sur lesdits registres.

Il n'est pas dérogé aux dispositions de l'article 2075 (3) du Code Napoléon en ce qui concerne les créances mobilières, dont le cessionnaire ne peut être saisi à l'égard des tiers que par la signification du transport faite au débiteur.

Les effets de commerce donnés en gage sont recouvrables par le créancier gagiste.

92. Dans tous les cas, le privilége ne subsiste sur le gage qu'autant que ce gage a été mis et est resté en la possession du créancier ou d'un tiers convenu entre les parties.

Le créancier est réputé avoir les marchandises en sa possession, lorsqu'elles sont à sa disposition dans ses magasins ou navires, à la douane ou dans un dépôt public, ou si, avant qu'elles soient arrivées, il en est saisi par un connaissement ou par une lettre de voiture.

93. A défaut de paiement à l'échéance, le créancier peut, huit jours après une simple signification faite au débiteur et au tiers bailleur de gage, s'il y en a un, faire procéder à la vente publique des objets donnés en gage.

Les ventes autres que celles dont les agents de change peuvent seuls être chargés sont faites par le ministère des courtiers. Toutefois, sur la requête des parties, le président du tribunal de commerce peut désigner, pour y procéder, une autre classe d'officiers publics. Dans ce cas, l'officier public, quel qu'il soit, chargé de la vente, est soumis aux dispositions qui régissent les courtiers, relativement aux formes, aux tarifs et à la responsabilité.

Les dispositions des articles 2 à 7 inclusivement de la loi du 28 mai 1858 (1), sur les ventes publiques, sont applicables aux ventes prévues par le paragraphe précédent.

Toute clause qui autoriserait le créancier à s'approprier le gage ou à en disposer sans les formalités ci-dessus prescrites est nulle.

Section II. — *Des commissionnaires en général.*

94. Le commissionnaire est celui qui agit en son propre nom ou sous un nom social pour le compte d'un commettant.

Les devoirs et les droits du commissionnaire qui agit au nom d'un commettant sont déterminés par le Code Napoléon, livre III, titre XIII.

95. Tout commissionnaire a privilége sur la valeur des marchandises à lui expédiées, déposées ou consignées, par le fait seul de l'expédition, du dépôt ou de la consignation, pour tous les prêts, avances ou paiements faits par lui, soit avant la réception des marchandises, soit pendant qu'elles sont en sa possession.

Ce privilége ne subsiste que sous la condition prescrite par l'art. 92 qui précède.

Dans la créance privilégiée du commissionnaire sont compris, avec le principal, les intérêts, commissions et frais.

Si les marchandises sont vendues et livrées pour le compte du commettant, le commissionnaire se rembourse, sur le produit de la vente, du montant de sa créance, par préférence aux créanciers du commettant.

Section III. — *Des commissionnaires pour les transports par terre et par eau.*

Art. 96, 97, 98, 99, 100, 101 et 102.
(Comme au Code de commerce.)

Section IV. — *Du Voiturier.*

(Comme au Code de commerce.)

495

23 mai 1863 (11e série, n° 11,432). — *Décret impérial portant règlement d'administration publique pour l'exécution du Sénatus-consulte du 22 avril 1863 (2), relatif à la constitution de la propriété en Algérie, dans les territoires occupés par les Arabes.*

(1) V. Supp., n° 489.
(2) V. 3e part., p. 9.
(3) V. 2e part., p. 126.

(1) V. Supp., n° 109.
(2) V. Supp., n° 480.

496

27 mai 1863 (11e série, n° 11,332). — *Loi relative à la taxe, 1° des dépêches privées, dessins, etc. transmis par le télégraphe au moyen de l'appareil autographique ; 2° des dépêches télégraphiques privées échangées entre les navires en mer et les postes électro-sémaphoriques du littoral.*

Art. 1er. Des décrets rendus dans la forme des règlements d'administration publique détermineront provisoirement la taxe des dépêches privées, plans, dessins et figures quelconques, transmis par le télégraphe au moyen de l'appareil autographique.

La taxe sera établie en prenant pour base, soit la dimension de l'original, soit le nombre de mots ou de lignes, soit ces divers modes de taxes combinés.

Les mêmes décrets régleront ce qui concerne l'emploi et la vente des papiers spéciaux propres aux transmissions par la voie autographique.

2. Des décrets, également rendus dans la forme des règlements d'administration publique, détermineront provisoirement la taxe des dépêches télégraphiques privées échangées entre les navires en mer et les postes électro-sémaphoriques du littoral.

Les mêmes décrets régleront les mesures propres à assurer la perception de la taxe de ces dépêches à l'arrivée.

3. Les taxes établies en vertu des articles précédents seront soumises à la sanction du Corps législatif dans le cours de la troisième année qui suivra la promulgation de la présente loi.

497

30 mai 1863 (11e série, n° 11,342) —*Décret impérial portant promulgation de la convention conclue, le 9 août 1862, entre la France et le Paraguay, pour le renouvellement du traité du 4 mars 1853.*

498

30 mai 1863 (11e série, n° 11,371). — *Décret impérial qui modifie, 1° le tableau annexé à la loi du 28 mai 1858 (1), sur les ventes publiques de marchandises en gros ; 2° le décret du 12 mars 1859 (2), portant règlement d'administration publique pour l'exécution de ladite loi.*

Art. 1er. Peuvent être vendues en gros aux enchères publiques, conformément à la loi du 28 mai 1858 (1), dans tout l'Empire : 1° les marchandises de toute provenance portées au tableau annexé au présent décret, lequel remplacera le tableau annexé à ladite loi ; 2° toutes les marchandises exotiques quelconques destinées à la réexportation.

2. Les art. 20, 21, 23 et 25 du règlement d'administration publique du 12 mars 1859 (2) sont modifiés ainsi qu'il suit :

Art. 20. Il sera procédé aux ventes publiques, à la Bourse ou dans les salles autorisées, conformément au présent décret ; toutefois, le courtier est autorisé à vendre sur place, dans le cas où la marchandise ne peut être déplacée sans préjudice pour le vendeur et où, en même temps, la vente ne peut être convenablement faite que sur le vu de la marchandise.

Le courtier peut également vendre sur place, s'il n'existe pas de bourse ni de salle de vente autorisée dans la commune où la marchandise est déposée.

(1) V. Supp., n° 409.
(2) V. Supp., n° 456.

Art. 21. Le lieu, les jours, les heures et les conditions de la vente, la nature et la quantité de la marchandise, doivent être, trois jours au moins à l'avance, publiés au moyen d'une annonce dans l'un des journaux judiciaires de la localité et, en outre, au moyen d'affiches apposées à la Bourse ainsi qu'à la porte du local où il doit être procédé à la vente et du magasin où les marchandises sont déposées.

Deux jours au moins avant la vente, le public doit être admis à examiner et vérifier les marchandises, et toutes facilités doivent lui être données à cet égard.

Toutefois, le président du tribunal de commerce du lieu de la vente peut, sur requête motivée, accorder dispense de l'exposition préalable prescrite par le paragraphe précédent, lorsqu'il s'agit de marchandises qui, à cause de leur nature ou de leur état d'avarie, ne pourraient pas y être soumises sans inconvénients. Mais, en tous cas, des mesures doivent être prises pour que le public puisse examiner les marchandises avant qu'il soit procédé à la vente.

Art. 23. Le catalogue énonce les marques, numéros, nature et quantités de chaque lot de marchandises, les magasins où elles sont déposées, les jours et les heures où elles peuvent être examinées et le lieu, les jours et heures où elles seront vendues.

Sont mentionnées également les époques de livraison, les conditions de paiement, les tares, avaries et toutes les autres indications et conditions qui seront la base et la règle du contrat entre les vendeurs et les acheteurs.

La formation préalable de lots distincts n'est pas obligatoire pour les marchandises en grenier ou en chantier. Si elle n'a pas lieu, le catalogue doit mentionner la cause qui empêche d'y procéder et la manière dont s'opérera la livraison. La même mention doit être reproduite dans le procès-verbal de la vente.

Art. 25. Les lots ne peuvent être, d'après l'évaluation approximative et selon le cours moyen des marchandises, au-dessous de cinq cents francs.

Ce minimum peut être élevé ou abaissé dans chaque localité, pour certaines classes de marchandises, par arrêté du ministre de l'agriculture, du commerce et des travaux publics, rendu après avis de la chambre de commerce ou de la chambre consultative des arts et manufactures.

En cas d'avaries, les marchandises peuvent être vendues par lots d'une valeur inférieure au minimum fixé pour chacune d'elles, mais après autorisation donnée sur requête par le président du tribunal de commerce du lieu de la vente. Le magistrat peut toujours, s'il le juge nécessaire, faire constater l'avarie par un expert qu'il désigne.

Le minimum de la valeur des lots est fixé à cent francs pour les ventes après protêt de warrant de marchandises de toute espèce.

3. Sont abrogés les décrets susvisés des 8 mai (1) et 29 juin 1861, dont les dispositions sont remplacées par celles du présent décret.

Tableau des marchandises qui peuvent être vendues en gros aux enchères publiques, pour être annexé au décret du 30 mai 1863.

Abaca. — Absinthe en balles. — Acide arsénieux. Acide benzoïque. — Acide borique. — Acide citrique. — Acide hydrochlorique. — Acide hydrochloro-nitrique. — Acide nitrique. — Acide oléique, oxalique. — Acide phosphorique. — Acide stéarique en masse. — Acide stéarique ouvré. — Acide sulfurique. — Acide tartrique. — Agates brutes. — Agates ouvrées. — Agaric. — Agrès et apparaux de navires. — Ail. — Albâtre. — Alcalis, cendres végétales. — Alcool et spiritueux de toute espèce. — Alizari. — Aloès.

(1) V. Supp., n° 349

— Alpiste. — Alquifoux. — Alun. — Amadou. — Amandes. — Ambre. — Ambrette. — Amidon. — Amomes. — Ammoniaque. — Amurca. — Anchois. — Ancres. — Anis. — Anisette. — Antimoine. — Arachides. — Ardoises, — Argent non ouvré. — Argile. — Aristoloche. — Arrow-root. — Arséniate de potasse. — Arsenic. — Asphalte. — Aspic. — Assafœtida. — Avelanèdes. — Avoine. — Azur.

Bablah. — Badiane. — Baies de genièvre. — Baies de laurier. — Bambous. — Barille ou soude. — Basane. — Bastin brut. — Baume. — Benjoin. — Bestiaux et autres animaux vivants. — Betteraves. — Beurre. — Bière. — Biscuits. — Bismuth. — Bitume. — Blanc de baleine et de cachalot. — Blanc d'Espagne. — Blanc de zinc. — Blé. — Bleu de Prusse — Bœuf salé. — Bois à brûler. — Bois de construction de toute sorte. — Bois d'ébénisterie.— Bois de teinture. — Bois en éclisses. — Bois feuillard. — Bois odorant. — Borax. — Bouchons de liége. — Bourre ou poils d'animaux. — Bourre de soie en balles. — Boyaux frais et salés. — Brai gras ou sec. — Briques de toute espèce. — Bronze non ouvré. — Brou de noix.

Cabillaud. — Câbles et grelins. — Cacao. — Cachemires de l'Inde. — Cachou en masse. — Cadmium brut. — Café. — Camphre. — Canéfice ou casse. — Cannelle. — Cantharides. — Caoutchouc non ouvré.— Câpres en barils. — Carbonates. —Cardamome. — Caret. — Carreaux. — Cascarille. — Carmin. — Carthame (Fleur de). — Cassave. — Cassia. — Cauris. — Cendres et regrets d'orfèvre. — Cendres bleues ou vertes. — Céruse. — Champignons. — Chanvre. — Chapeaux de fibres de palmier. — Chapeaux de paille, d'écorce et de sparte. — Charbon de bois et de chènevottes. — Chardons cardières. — Châtaignes. — Chaux. — Chènevis. — Cheveux non ouvrés. — Chiendent en balles. — Chiffons en balles. — Chromate de plomb et de potasse. — Cidre. — Ciment. — Cinabre. — Cire non ouvrée. — Civette. — Citrons. — Coaltar. — Cobalt. — Cochenille. — Cocos. — Coke. — Colle de poisson — Colle forte. — Coloquinte. — Colza. — Confitures. — Conserves alimentaires. — Coquillages. — Corail. — Coriandre. — Corne de bœuf et de buffle. — Cornes de cerf. — Coton. — Couleurs non dénommées. — Couperose. — Craie. — Crème de tartre. — Crins non ouvrés. — Cristal de roche. — Cubèbe. — Cuirs bruts ou apprêtés. — Cuivre non ouvré. — Cumin. — Curcuma.

Dattes. — Dégras de peaux. — Dents d'éléphant, d'hippopotame. — Derle. — Dibidivi. — Drilles.

Eaux minérales. — Eaux-de-vie. (Voir Alcool et spiritueux de toute espèce.) Ecailles d'ablette. — Ecailles de tortue. — Echalas. — Ecorces à tan. — Ecorces autres de toute sorte. — Edredon. — Ellébore (racine d'). — Emeri. — Embarcations et canots. — Encens. — Engrais de toute sorte. — Eponges. — Esprit-de-vin. (Voir Alcool, etc.) — Essence de parfumerie. — Essence de térébenthine. — Essence de houille. — Etain non ouvré. — Etoupes de cordages. — Euphorbe.—Extrait de sumac liquide.

Fanons de baleine. — Farine. — Fèces d'huile. — Fécule de pomme de terre. — Fenouil. — Fer non ouvré, fer en massiaux ou en barres. — Feuilles de laurier. — Feuilles médicinales. — Feuilles tinctoriales non dénommées. — Feutre à doublage. — Fèves. — Féveroles. — Figues. — Filasse. — Filets de pêche. — Fleurs de cannelle. — Fleurs de lavande. — Fleurs médicinales. — Fleurs de tilleul et de tamarin. — Fleurs de soufre. — Foin. — Follicules. — Fonte brute. — Fromages. — Froment. — Fruits frais ou secs, confits ou tapés de toute espèce.

Galanga.—Galbanum.—Galipot.—Galle (Noix de). —Gambier de l'Inde.—Garance.—Garancine.—Garou (Racine de) — Gaude. — Gélatine. — Genestrolle ou genêt des teinturiers. — Genièvre (Graine de). — Gentiane. — Gingembre. — Ginseng. — Girofle (Clous de). — Girofle (Griffes de). —Gomme ammoniaque — Gomme d'Arabie. —Gomme copal. — Gomme élastique. — Gomme gutte. — Gomme laque. — Gomme de sandaraque. — Goudron. — Gousses tinctoriales. — Grabeau de séné et de cochenille. — Graines de toute espèce. — Grainettes. — Grains. — Grains de verre ou rassade. — Grains durs à taifler. — Graisse de toute espèce. — Graphite. — Grapins. — Groisil. — Gruau. — Guano. — Guède. — Gutta-percha.

Harengs salés et saurs. — Haricots secs. — Herbes médicinales vertes ou sèches. — Houblon. — Houille. — Huile de toute espèce.

Indigo. — Iode, iodure de potassium. — Ipécacuana. — Iris. — Itzle. — Ivoire

Jais. — Jalap — Jambon. — Jarrosse. — Jaune de chrôme — Jaune de Naples. — Joncs. — Jujubes. — Jus de citron — Jus de réglisse. — Jute.

Kaolin. — Kermès.

Lac-dye. — Laines en suint ou lavées. — Langues de bœuf. — Langues et noves de morue. — Laque plate. — Lard. — Latanier. — Lattes. — Laudanum. — Lauriers pour cannes. — Légumes secs ou confits. — Lentilles. — Levûre de bière ou levain. —Lichens de toute espèce. Lie d'huile ou de vin.— Liége.—Lin.—Liqueurs.—Litharge —Lycopodium.

Macaroni. — Macis. — Magnésie. — Maïs. — Manganèse. — Maniguettes. — Manioc (Farine de). — Manne. — Maquereaux salés. — Marbre brut. — Marc d'huile. — Marc de raisin. — Marne. — Marrons. — Mastic en larmes. — Matériaux propres à la construction non dénommés. — Mâture. — Maurelle. — Mélasse. — Mercure. — Merrains. — Métaux bruts non dénommés. — Métaux précieux. — Meules. — Miel. — Mil (Graine de). — Mine de plomb. — Minerai. — Minium. — Mitraille. — Momie. — Morfil. — Morues et autres poissons salés — Mousse. — Moutarde. — Musc. — Muscade. — Myrobolans. — Myrrhe.

Nacre. — Natron. — Nattes. — Navires et autres bâtiments. — Nerfs de bœuf et d'autres animaux. — Nerprun. — Nickel métallique non ouvré. — Nitrate de potasse et de soude — Noir de fumée. — Noir animal et résidu de raffinerie. — Noix et noisettes. — Noix vomiques. — Noyaux cassés.

Objets de collection hors de commerce — Ocre. — OEufs. — Oignons de toute sorte. — Olives. — Onglons. — Opium. — Or. — Oranges. — Orangettes. — Orcanette. — Oreillons et rognures de peaux. — Orge. — Orpiment. — Orseille. — Orties de Chine. — Os et sabots de bétail. — Osier en bottes. — Outremer. — Oxalate acide de potasse.

Paille. — Parchemin. — Pastel. Feuilles et tiges.) — Pastel (Pâte de). — Pâtes d'Italie. — Pavés. — Peaux brutes, fraîches ou sèches. — Pelleteries fines. — Pelures de cacao. — Perches. — Perlasse. — Perles fines de toute pêche. — Phormium tenax. — Pierres servant aux arts et métiers. — Pierres précieuses brutes. — Piment. — Pistaches. — Pite. — Planches de sapin. — Plantes alcalines. — Plants d'arbres. — Plâtre. — Plomb non ouvré. — Plombagine. — Plumes d'oie. — Plumes à lit de parure et autres. — Poils d'animaux. — Poires sèches ou vertes. — Pois. — Poissons salés. (Voir Morue.) — Poivre. — Poix. — Pommes de terre. — Pommes vertes et sèches. — Porc salé. — Potasse. — Potin. — Poudre de marbre. — Poudrette sèche. — Poutres et poutrelles. — Pouzzolane. — Produits chimiques non dénommés. — Produits tinctoriaux non dénommés. — Prunes vertes et sèches. — Prussiate de potasse cristallisé.

Quercitron. — Queues de girofle. — Quinquina (Ecorces de).

Racines médicinales et autres. — Raisins verts et secs de toute espèce. — Rassades. — Ratafia. — Redoul en feuilles. — Résidus de raffinerie. (Voir Noir animal.) — Résine. — Rhubarbe. — Rhum. — Riz. — Rocou. — Rognures de papier. — Rogues de morue. — Roseaux. — Rotins.

Sable. — Safran. — Safranum. — Sagou. — Saindoux. — Salep. — Salpêtre. — Salsepareille. — Sandaraque. — Sang-dragon. — Sanguine. — Sarcocolle. — Sardines. — Sarrasin. — Saumons confits. — Savons. — Scammonée. — Scille. — Seigle. — Sel. — Sel ammoniacal. — Sel de cobalt. — Sel médicinal de Kreutznach. — Soie écrue ou grége. — Soies d'animaux. — Solives. — Son. — Soude. — Soufre. — Spiritueux. (Voir Alcool.) — Squine. — Stéarine. — Stil de grain. — Stockfisch. — Storax. — Suc de réglisse. — Succin. — Sucre brut et raffiné. — Suif. — Sulfate de baryte. — Sulfate de cuivre. — Sulfate de fer. — Sulfate de magnésie. — Sulfate de potasse. — Sulfate de soude. — Sulfate de zinc. — Sulfures d'arsenic et de mercure. — Sumac.

Tabacs en feuilles et en côtes. — Tafia. — Talc. — Tamarins confits. — Tan. — Tapioca. — Tartrates divers. — Tartre. — Térébenthine. — Terre d'ombre ou de Sienne. — Terre de pipe et à poterie. — Terres pyriteuses, dites *cendres noires*. — Thé. — Thons. — Tiges de millet pour balais. — Tourbes ou mottes à brûler. — Tournesol. — Tourteaux de graines. — Tripoli. — Truffes. — Tuiles. — Turbith.

Vanille. — Verdet ou vert-de-gris. — Vermillon. — Vernis. — Vesces. — Vessies de poisson et autres. — Vétiver — Viandes fumées et salées. — Vif-argent. — Vins de toute sorte.

Zinc non ouvré.

499

6 juin 1863 (11e série, n° 11,373).—*Décret impérial relatif aux ventes publiques de marchandises en gros, autorisées ou ordonnées par la justice consulaire.*

ART. 1er. Les dispositions des articles 3, 6 et 20 à 27 inclusivement du règlement d'administration publique du 12 mars 1859 (1) sont applicables aux ventes prévues par la loi du 3 juillet 1861 (2), sauf les additions et modifications ci-après.

2. Les annonces et affiches prescrites par l'article 21 du décret du 12 mars 1859, ainsi que le catalogue qui est dressé et imprimé en exécution de l'article 22 du même décret, doivent énoncer la décision judiciaire qui a autorisé ou ordonné la vente.

La même énonciation doit être insérée au procès-verbal de la vente.

3. Le minimum de la valeur des lots est fixé à cent francs pour les ventes de marchandises de toute espèce, ordonnées ou autorisées dans les cas prévus par la loi du 3 juillet 1861 (2).

Ce minimum peut être abaissé par le tribunal ou le juge qui ordonne ou autorise la vente.

500

26 juin 1863 (11e série, n° 11,444).—*Décret impérial portant promulgation de la convention additionnelle au traité de commerce et à la convention de navigation du 1er mai 1861 (3), conclue entre la France et la Belgique, le 12 mai 1863.*

(1) V. Supp., n° 156.
(2) V. Supp., n° 374.
(3) V. Supp., n° 354.

501

14 décembre 1789 (1re série).—*Décret sur la constitution des municipalités* (1).

. . . .

ART. 59. Dans toutes les communautés sans distinction, les citoyens actifs pourront prendre au greffe de la municipalité, sans déplacer et sans frais, communication des comptes, des pièces justificatives et des délibérations du corps municipal toutes les fois qu'ils le requerront.

60. Si un citoyen croit être personnellement lésé par quelque acte du corps municipal, il pourra exposer ses sujets de plainte à l'administration ou au directoire de département, qui y fera droit sur l'avis de l'administration de district, qui sera chargé de vérifier les faits.

61. Tout citoyen actif pourra signer et présenter contre les officiers municipaux la dénonciation des délits d'administration dont il prétendra qu'ils se seraient rendus coupables ; mais avant de porter cette dénonciation devant les tribunaux, il sera tenu de la soumettre à l'administration ou au directoire de département, qui, après avoir pris l'avis de l'administration de district ou de son directoire, renverra la dénonciation, s'il y a lieu, devant les juges qui en devront connaître.

502

23 mai 1843 (9e série, n° 10,827).—*Ordonnance du roi relative aux bateaux à vapeur qui naviguent sur les fleuves et rivières* (2).

ART. 1er. La construction et l'emploi des bateaux à vapeur qui naviguent sur les fleuves et rivières sont assujettis aux dispositions suivantes.

TITRE Ier. — DES PERMIS DE NAVIGATION.

SECTION Ire. — *Formalités préliminaires.*

2. Aucun bateau à vapeur ne pourra naviguer sur les fleuves et rivières sans un permis de navigation.

3. Toute demande en permis de navigation sera adressée, par le propriétaire du bateau, au préfet du département où se trouvera le point de départ.

4. Dans sa demande, le propriétaire fera connaître,

1° Le nom du bateau :

2° Ses principales dimensions, son tirant d'eau à vide, et sa charge maximum, exprimée en tonneaux de mille kilogrammes ;

3° La force de l'appareil moteur, exprimée en chevaux (le cheval-vapeur étant la force capable d'élever un poids de soixante et quinze kilogrammes à un mètre de hauteur dans une seconde de temps) ;

4° La pression, évaluée en nombre d'atmosphères, sous laquelle cet appareil fonctionnera ;

5° La forme de la chaudière ;

6° Le service auquel le bateau sera destiné : les points de départ, de stationnement et d'arrivée ;

7° Le nombre maximum des passagers qui pourront être reçus dans le bateau.

Un dessin géométrique de la chaudière sera joint à la demande.

(1) Nous donnons ici ce texte encore en vigueur qui nous a été demandé, et complète, sur un point important, la législation sur notre organisation municipale.

(2) Nous donnons ici le texte de deux ordonnances qui forment le complément de notre législation sur les machines à vapeur, et dont nous avons donné seulement le titre (3e partie, p. 183).

Cette demande sera renvoyée par le préfet à la commission de surveillance instituée dans le département, conformément à l'article 70 de la présente ordonnance.

SECTION II. — *Des visites et des essais des bateaux à vapeur.*

5. La commission de surveillance visitera le bateau à vapeur, à l'effet de s'assurer,

1° S'il est construit avec solidité, et si l'on a pris toutes les précautions requises pour le cas où il serait destiné à un service de passagers ;

2° Si l'appareil moteur a été soumis aux épreuves voulues, et s'il est pourvu des moyens de sûreté prescrits par la présente ordonnance ;

3° Si la chaudière, en raison de sa forme, du mode de jonction de ses diverses parties, de la nature des matériaux avec lesquels elle est construite, ne présente aucune cause particulière de danger ;

4° Si on a pris toutes les précautions nécessaires pour prévenir les chances d'incendie.

6. Après la visite, la commission assistera à un essai du bateau à vapeur. Elle vérifiera si l'appareil moteur a une force suffisante pour le service auquel ce bateau sera destiné, et elle constatera,

1° La hauteur des eaux lors de l'essai ;

2° Le tirant d'eau du bateau ;

3° La vitesse du bateau, en montant et en descendant ;

4° Les divers degrés de tension de la vapeur, dans l'appareil moteur, pendant la marche du bateau.

7. La commission dressera un procès-verbal de la visite et de l'essai qu'elle aura faits du bateau à vapeur, et adressera ce procès-verbal au préfet du département.

8. Si la commission est d'avis que le permis de navigation peut être accordé, elle proposera les conditions auxquelles ce permis pourra être délivré.

Dans le cas contraire, elle exposera les motifs pour lesquels elle jugera qu'il est convenable de surseoir à la délivrance du permis, ou même de le refuser.

SECTION III. — *Délivrance des permis de navigation.*

9. Si, après avoir reçu le procès-verbal de la commission de surveillance, le préfet reconnaît que le propriétaire du bateau à vapeur a satisfait à toutes les conditions exigées, il délivrera le permis de navigation. Ce permis ne sera valable que pour un an.

10 Dans le permis de navigation seront énoncés,

1° Le nom du bateau et le nom du propriétaire ;

2° La hauteur de la ligne de flottaison, rapportée à des points de repère invariablement établis à l'avant, à l'arrière et au milieu du bateau ;

3° Le service auquel le bateau est destiné ; les points de départ, de stationnement et d'arrivée ;

4° Le nombre maximum des passagers qui pourront être reçus à bord ;

5° La tension maximum de la vapeur, exprimée en atmosphères et en fractions décimales d'atmosphère, sous laquelle l'appareil moteur pourra fonctionner ;

6° Les numéros des timbres dont les chaudières, tubes, bouilleurs, cylindres et enveloppes de cylindre auront été frappés ainsi qu'il est prescrit à l'article 24.

7° Le diamètre des soupapes de sûreté et leur charge telle qu'elle aura été réglée conformément aux articles 29 et 30.

11. Le préfet prescrira, dans le permis, toutes les mesures d'ordre et de police locale nécessaires. Il transmettra copie de son arrêté aux préfets des autres départements traversés par la ligne de navigation, lesquels prescriront les dispositions du même genre à observer dans ces départements ; le tout sans préjudice de l'exécution des lois et règlements concernant la navigation dans la circonscription des arrondissements maritimes.

12. Si le préfet reconnaît, d'après le procès-verbal dressé par la commission de surveillance, qu'il y a lieu de surseoir à la délivrance du permis, ou même de le refuser, il notifiera sa décision au propriétaire du bateau, sauf recours devant notre ministre des travaux publics.

13. A chaque renouvellement du permis de navigation, la commission de surveillance sera consultée, comme il est dit ci-dessus.

SECTION IV. — *Des autorisations provisoires de navigation.*

14. Si le bateau a été muni de son appareil moteur et mis en état de naviguer dans un département autre que celui où il doit entrer en service, le propriétaire devra obtenir du préfet du premier de ces départements une autorisation provisoire de navigation, pour faire arriver le bateau au lieu de sa destination. La commission de surveillance sera consultée sur la demande.

15. L'autorisation provisoire ne dispensera pas le propriétaire du bateau de l'obligation d'obtenir un permis définitif de navigation, lorsque ce bateau sera arrivé au lieu de sa destination.

SECTION V. — *Disposition transitoire.*

16. Il est accordé aux détenteurs actuels de permis de navigation un délai de trois mois, à dater de la publication de la présente ordonnance, pour se conformer aux dispositions qui précèdent, et demander un nouveau permis, qui leur sera délivré, s'il y a lieu, par l'autorité compétente. Passé ce délai, les anciens permis de navigation seront considérés comme non avenus.

TTIRE II. — DES MACHINES A VAPEUR SERVANT DE MOTEURS AUX BATEAUX.

SECTION Ire.— *Dispositions relatives à la fabrication et au commerce des machines employées sur les bateaux.*

17. Aucune machine à vapeur, destinée à un service de navigation, ne pourra être livrée par un fabricant, si elle n'a subi les épreuves prescrites ci-après.

18. Les épreuves seront faites à la fabrique, par ordre du préfet, sur la déclaration du fabricant.

19. Les machines venant de l'étranger devront être pourvues des mêmes appareils de sûreté que les machines d'origine française, et subir les mêmes épreuves. Ces épreuves seront faites au lieu désigné par le destinataire dans la déclaration qu'il devra faire à l'importation.

SECTION II. — *Épreuves des chaudières et des autres pièces contenant la vapeur.*

20. Les chaudières à vapeur, leurs tubes bouilleurs et les réservoirs à vapeur, les cylindres en fonte des machines à vapeur et les enveloppes en fonte de ces cylindres, ne pourront, sauf l'exception portée à l'article 28, être établis à bord des bateaux sans avoir été préalablement soumis par les ingénieurs des mines, ou, à leur défaut, par les ingénieurs des ponts et chaussées, à une épreuve opérée à l'aide d'une pompe de pression.

L'usage des chaudières et des tubes bouilleurs en fonte est prohibé dans les bateaux à vapeur.

21. La pression d'épreuve prescrite par l'article

précédent sera triple de la pression effective, ou autrement, de la plus grande tension que la vapeur pourra avoir dans les chaudières, leurs tubes bouilleurs, et autres pièces contenant la vapeur, diminuée de la pression extérieure de l'atmosphère.

22. On procédera aux épreuves en chargeant les soupapes de sûreté des chaudières de poids proportionnels à la pression effective, et déterminés suivant la règle indiquée en l'article 31.

A l'égard des autres pièces, la charge d'épreuve sera appliquée sur la soupape de la pompe de pression.

23. L'épaisseur des parois des chaudières cylindriques, en tôle ou en cuivre laminé, sera réglée conformément à la table n° 1, annexée à la présente ordonnance.

L'épaisseur de celles de ces chaudières qui, par leurs dimensions et par la pression de la vapeur, ne se trouveraient pas comprises dans la table, sera déterminée d'après la règle énoncée à la suite de ladite table; toutefois cette épaisseur ne pourra dépasser quinze millimètres.

Les épaisseurs de la tôle devront être augmentées s'il s'agit de chaudières formées, en partie ou en totalité, de faces planes ou bien de conduits intérieurs, cylindriques ou autres, traversant l'eau ou la vapeur, et servant soit de foyers, soit à la circulation de la flamme. Ces chaudières et conduits devront de plus être, suivant les cas, renforcés par des armatures suffisantes.

24. Après qu'il aura été constaté que les parois des chaudières ont les épaisseurs voulues, et après l'épreuve, on appliquera aux chaudières, à leurs tubes bouilleurs et aux réservoirs de vapeur, aux cylindres en fonte des machines à vapeur et aux enveloppes en fonte de ces cylindres, des timbres indiquant, en nombre d'atmosphères, le degré de tension intérieure que la vapeur ne devra pas dépasser. Ces timbres seront placés de manière qu'ils soient toujours apparents.

25. L'épreuve sera renouvelée après l'installation de la machine dans le bateau : 1° si le propriétaire la réclame ; 2° s'il y a eu pendant le transport, ou lors de la mise en place, quelques avaries ; 3° s'il a été fait à la chaudière des modifications ou réparations quelconques depuis la première épreuve ; 4° si la commission de surveillance le juge utile.

26. Les chaudières à vapeur, leurs tubes bouilleurs et autres pièces contenant la vapeur, devront être éprouvés de nouveau toutes les fois qu'il sera jugé nécessaire par les commissions de surveillance.

Quand il aura été fait aux chaudières et autres pièces des changements ou réparations notables, les propriétaires des bateaux à vapeur seront tenus d'en donner connaissance au préfet. Il sera nécessairement procédé, dans ce cas, à de nouvelles épreuves.

27. L'appareil et la main-d'œuvre nécessaires pour les épreuves seront fournis par les propriétaires des machines et chaudières à vapeur.

28. Les chaudières qui auront des faces planes seront dispensées de l'épreuve, mais sous la condition que la force élastique, ou la tension de la vapeur, ne devra pas s'élever, dans l'intérieur de ces chaudières, à plus d'une atmosphère et demie.

SECTION III. — *Des appareils de sûreté dont les chaudières à vapeur doivent être munies.*

§ 1er. *Des soupapes de sûreté.*

29. Il sera adapté à la partie supérieure de chaque chaudière deux soupapes de sûreté. Ces soupapes seront placées vers chaque extrémité de la chaudière, et à la plus grande distance possible l'une de l'autre.

Le diamètre des orifices de ces soupapes sera réglé d'après la surface de chauffe de la chaudière et la tension de la vapeur dans son intérieur, conformément à la table n° 2 annexée à la présente ordonnance.

30. Chaque soupape sera chargée d'un poids unique, agissant soit directement, soit par l'intermédiaire d'un levier.

Chaque poids recevra l'empreinte d'un poinçon apposée par la commission de surveillance. Les leviers seront également poinçonnés, s'il en est fait usage. La quotité du poids et la longueur du levier seront énoncées dans le permis de navigation.

31. La charge maximum de chaque soupape de sûreté sera déterminée en multipliant un kilogramme trente-trois grammes par le nombre d'atmosphères mesurant la pression effective, et par le nombre de centimètres carrés mesurant l'orifice de la soupape.

La largeur de la surface annulaire de recouvrement ne devra pas dépasser la trentième partie de la surface circulaire exposée directement à la pression de la vapeur, et cette largeur, dans aucun cas, ne devra excéder deux millimètres.

32. Il sera de plus adapté à la partie supérieure des chaudières à faces planes, dont il est fait mention à l'article 28, une soupape atmosphérique, c'est-à-dire ouvrant du dehors au dedans.

§ II. *Des manomètres.*

33. Chaque chaudière sera munie d'un manomètre à mercure, gradué en atmosphères et en fractions décimales d'atmosphère, de manière à faire connaître immédiatement la tension de la vapeur dans la chaudière.

Le tuyau qui amènera la vapeur au manomètre sera adapté directement sur la chaudière et non sur le tuyau de prise de vapeur ou sur tout autre tuyau dans lequel la vapeur serait en mouvement.

Le manomètre sera placé en vue du chauffeur.

34. On fera usage du manomètre à air libre, c'est-à-dire ouvert à sa partie supérieure, toutes les fois que la pression effective de la vapeur ne dépassera pas deux atmosphères.

35. On tracera sur l'échelle de chaque manomètre, d'une manière très-apparente, une ligne qui répondra au numéro de cette échelle que le mercure ne devra pas habituellement dépasser.

§ 3. *De l'alimentation et des indicateurs du niveau de l'eau dans les chaudières.*

36. Chaque chaudière sera munie d'une pompe alimentaire bien construite et en bon état d'entretien.

Indépendamment de cette pompe mise en mouvement par la machine motrice du bateau, chaque chaudière sera pourvue d'une autre pompe pouvant fonctionner soit à l'aide d'une machine particulière, soit à bras d'homme, et destinée à alimenter la chaudière, s'il en est besoin, lorsque la machine motrice du bateau ne fonctionnera pas.

37. Le niveau que l'eau doit avoir habituellement dans la chaudière sera indiqué, à l'extérieur, par une ligne tracée d'une manière très-apparente sur le corps de la chaudière, ou sur le parement du fourneau.

Cette ligne sera d'un décimètre au moins au-dessus de la partie la plus élevée des carneaux, tubes ou conduits de la flamme et de la fumée dans le fourneau.

38. Il sera adapté à chaque chaudière : 1° deux tubes indicateurs en verre, qui seront placés un à chaque côté de la face antérieure de la chaudière ; 2° l'un des deux appareils suivants, savoir : un flotteur d'une mobilité suffisante ; des robinets indicateurs, convenablement placés à des niveaux différents. Les appareils indicateurs seront, dans tous les cas, disposés de manière à être en vue du chauffeur.

Section IV. — *Des chaudières multiples.*

39. Si plusieurs chaudières sont établies dans un bateau, elles ne pourront être mises en communication que par les parties toujours occupées par la vapeur, et cette communication sera disposée de manière que les chaudières puissent, au besoin, être rendues indépendantes les unes des autres.

Dans tous les cas, chaque chaudière sera alimentée séparément, et devra être munie de tous les appareils de sûreté prescrits par la présente ordonnance.

Section V. — *De l'emplacement des appareils moteurs.*

40. L'emplacement des appareils moteurs devra être assez grand pour qu'on puisse facilement faire le service des chaudières et visiter toutes les parties des appareils.

Cet emplacement sera séparé des salles des passagers par des cloisons en planches, très-solidement construites et entièrement revêtues d'une doublure en feuille de tôle à recouvrement, d'un millimètre d'épaisseur au moins.

TITRE III. — DE L'INSTALLATION DES BATEAUX A VAPEUR; DES AGRÈS, APPARAUX ET DES ÉQUIPAGES.

41. Le pont de chaque bateau devra être garni de garde-corps d'une hauteur suffisante pour la sûreté des passagers.

Toutes les ouvertures pratiquées au-dessus des machines et des chaudières, qui ne sont pas habituellement fermées par un panneau plein, seront munies d'un grillage en fer ou en bois.

42. De chaque côté du bateau il y aura un escalier d'embarquement (en bois ou en fer), avec une rampe ou une corde à nœuds solidement fixée.

43. Les tambours qui, de chaque côté du bateau, enveloppent les roues motrices, seront munis d'une défense en fer, descendant assez près de la surface de l'eau pour empêcher des embarcations de s'engager dans les palettes des roues.

44. Lorsque la cheminée sera mobile, et qu'elle ne se trouvera pas disposée de manière à être en équilibre sur son axe de rotation dans toutes les positions, il sera établi, sur le pont du bateau, un support suffisamment élevé pour arrêter la cheminée en cas de chute, et prévenir tout accident.

45. La ligne de flottaison indiquant le maximum du chargement sera tracée d'une manière apparente sur le pourtour entier de la carène, d'après les points de repère déterminés par le permis de navigation.

46. Le nom du bateau sera inscrit en gros caractère sur chacun de ses côtés.

47. Il y aura dans chaque bateau :

1° Deux ancres, au moins, pouvant être jetées immédiatement ;

2° Un canot à la traîne ou suspendu à des palans, de manière à être, au besoin, mis immédiatement à l'eau : les dimensions de ce canot seront déterminées par le préfet, d'après l'avis de la commission de surveillance ;

3° Une bouée de sauvetage en liége, suspendue sous l'arrière ;

4° Une hache en bon état à portée du timonier ;

5° Une cloche pour donner les avertissements nécessaires ;

6° Une boîte fumigatoire pour administrer des secours aux asphyxiés ;

7° Des manomètres de rechange ainsi que des tubes indicateurs de rechange.

48. Si le bateau est exposé à être accidentellement poussé à la mer, il sera muni des cartes et des instruments nautiques nécessaires à cette navigation.

49. Indépendamment du capitaine, maître ou timonier, et des matelots ou mariniers formant l'équipage, il y aura à bord de chaque bateau un mécanicien et autant de chauffeurs que le service de l'appareil moteur l'exigera.

50. Nul ne pourra être employé en qualité de capitaine ou de mécanicien, s'il ne produit des certificats de capacité, délivrés dans les formes qui seront déterminées par notre ministre des travaux publics.

TITRE IV. — MESURES DIVERSES CONCERNANT LE SERVICE DES BATEAUX A VAPEUR.

Section Ire. — *Stationnement, départ et mouillage des bateaux.*

51. — Dans toutes les localités où cela sera possible, il sera assigné aux bateaux à vapeur un lieu de stationnement distinct de celui des autres bateaux.

52. Lorsque la disposition des lieux le permettra, il pourra être accordé à chaque entreprise de bateau à vapeur un emplacement particulier dont elle aura la jouissance exclusive, à charge par elle d'y faire, à ses frais, les ouvrages nécessaires pour faciliter l'embarquement et le débarquement des voyageurs et des marchandises

Cette autorisation, toujours révocable, sera accordée par le préfet, qui en déterminera les conditions.

53. En cas de concurrence entre deux ou plusieurs entreprises, les heures de départ seront réglées par le préfet, de manière à éviter les accidents qui peuvent résulter de la rivalité.

54. Pour chaque localité, un arrêté du préfet déterminera les conditions de solidité et de stabilité des batelets destinés au service d'embarquement et de débarquement des passagers, le nombre des personnes que ces batelets pourront recevoir, et le nombre des mariniers nécessaires pour les conduire.

Le maire de la commune délivrera des permis de service, après s'être préalablement assuré que les batelets sont conformes aux dispositions de sûreté prescrites, que les mariniers remplissent les conditions exigées par l'art. 47 (1) de la loi du 6 frimaire an VII.

55. Sur les points où le service des batelets serait dangereux, les préfets pourront en interdire l'usage.

56. Aucun bateau à vapeur ne quittera le point de départ et les lieux de stationnement pendant la nuit, ni en temps de brouillard, de glace ou de débordements, à moins d'une permission spéciale délivrée par l'autorité chargée de la police locale.

57. Les préfets prescriront les dispositions nécessaires pour éviter, dans chaque localité, les accidents qui pourraient avoir lieu au départ et à l'arrivée des bateaux.

Section II. — *Marche et manœuvre des bateaux.*

58. Si deux bateaux à vapeur marchant en sens inverse viennent à se rencontrer, le bateau descendant ralentira son mouvement, et chaque bateau serrera le chenal de navigation à sa droite. Si les dimensions de ce chenal sont telles qu'il ne reste pas entre les parties les plus saillantes des bateaux un intervalle libre de quatre mètres au moins, le bateau qui remonte s'arrêtera, et attendra, pour reprendre sa route, que celui qui descend ait doublé le passage. Dans les rivières à marées, le bateau qui vient avec le flot est censé descendre.

Si la rencontre a lieu entre deux bateaux à vapeur marchant dans la même direction, celui qui sera en avant serrera le chenal de navigation à sa droite ; celui qui sera en arrière serrera le chenal à sa gauche.

Si les dimensions du chenal ne permettent pas le

(1) Voy. 3e partie, p. 206.

passage de deux bateaux, le bateau qui se trouvera en arrière ralentira son mouvement, et attendra que la passe soit franchie, pour reprendre toute sa vitesse.

Des arrêtés des préfets désigneront les passes dans lesquelles il est interdit aux bateaux à vapeur de se croiser ou de se dépasser, et détermineront, relativement à des points facilement reconnaissables, les limites de chacune de ces passes.

59. Les préfets détermineront également les précautions à prendre à l'approche des ponts, pertuis et autres ouvrages d'art, tant pour la sûreté des passagers que pour la conservation de ces ouvrages.

60. Les capitaines des bateaux à vapeur ne feront aucune manœuvre dans le but d'entraver ou de retarder la marche des autres bateaux à vapeur, ou de toute autre embarcation. Ils diminueront la vitesse de leurs bateaux, ou même ils les feront arrêter, toutes les fois que la continuation de la marche de ces bateaux pourrait donner lieu à des accidents.

61. Tout bateau à vapeur naviguant pendant la nuit tiendra constamment allumés deux fanaux placés, l'un à l'avant, l'autre à l'arrière. Ces deux fanaux seront à *verres blancs* lorsque le bateau descendra, et à *verres rouges* lorsqu'il remontera.

En cas de brouillard, le capitaine fera tinter continuellement la cloche du bateau, pour éviter les abordages.

62. Les capitaines des bateaux à vapeur pourront, sauf le cas prévu par l'art. 55, prendre ou déposer en route des voyageurs ou des marchandises, qui seront transportés dans des batelets ; mais ils devront faire arrêter l'appareil moteur du bateau, afin que les batelets puissent accoster sans danger. Ces batelets, avant d'aborder, seront amarrés au bateau à vapeur, et celui-ci ne devra continuer sa navigation que lorsqu'ils auront été poussés au large.

63. Les capitaines rendront compte à l'autorité chargée de la police locale des faits qui pourront intéresser la sûreté de la navigation.

Section III. — *Conduite du feu et des appareils moteurs.*

64. Le mécanicien, sous l'autorité du capitaine, présidera à la mise en feu avant le départ ; il entretiendra toutes les parties de l'appareil moteur ; il s'assurera qu'elles fonctionnent bien, et que les chauffeurs sont en état de bien faire leur service. Pendant le voyage, il dirigera les chauffeurs, et s'occupera constamment de la conduite de la machine.

65. Il sera tenu, à bord de chaque bateau, un registre, dont toutes les pages devront être cotées et paraphées par le maire de la commune où est situé le siége de l'entreprise, et sur lequel le mécanicien inscrira d'heure en heure,

1° La hauteur du manomètre ;

2° La hauteur de l'eau dans la chaudière, relativement à la *ligne d'eau ;*

3° Le lieu où se trouvera le bateau. A la fin de chaque voyage, le mécanicien signera ces indications, dont il certifiera l'exactitude.

66. Il est défendu aux propriétaires de bateaux à vapeur et à leurs agents de faire fonctionner les appareils moteurs sous une pression supérieure à la pression déterminée dans le permis de navigation, et de rien faire qui puisse détruire ou diminuer l'efficacité des moyens de sûreté dont ces appareils seront pourvus.

Section IV. — *Dispositions relatives aux passagers.*

67. Il est interdit de laisser aucun passager s'introduire dans l'emplacement de l'appareil moteur.

68. Indépendamment du registre du mécanicien, il sera ouvert dans chaque bateau à vapeur un autre registre, dont toutes les pages seront, comme il est dit article 65, cotées et paraphées, et sur lequel les passagers auront la faculté de consigner leurs observations, en ce qui pourrait concerner le départ, la marche et la manœuvre du bateau, les avaries ou accidents quelconques, et la conduite de l'équipage : ces observations devront être signées par les passagers qui les auront faites. Le capitaine pourra également consigner sur ce registre les observations qu'il jugerait convenables, ainsi que tous les faits qu'il lui paraîtrait important de faire attester par les passagers.

69. Dans chaque salle où se tiennent les passagers, il sera affiché une copie du permis de navigation et un tableau indiquant,

1° La durée moyenne des voyages, tant en montant qu'en descendant, et en ayant égard à la hauteur des eaux ;

2° La durée des stationnements ;

3° Le nombre maximum des passagers ;

4° La faculté qu'ils ont de consigner leurs observations sur le registre ouvert à cet effet ;

5° Le tarif des places.

TITRE V. — De la surveillance administrative des bateaux a vapeur.

70. Dans les départements où existeront des bateaux à vapeur, les préfets institueront une ou plusieurs commissions de surveillance.

Les ingénieurs des mines et les ingénieurs des ponts et chaussées feront nécessairement partie de ces commissions.

71. Les commissions de surveillance, indépendamment des fonctions qui leur sont attribuées par les articles 5, 6, 7, 8 et 14 ci-dessus, visiteront les bateaux à vapeur au moins tous les trois mois, et chaque fois que le préfet le jugera convenable.

Les membres de commissions pourront, en outre, faire individuellement des visites plus fréquentes.

72. La commission de surveillance s'assurera, dans ses visites, que les mesures prescrites par la présente ordonnance et par le permis de navigation sont exécutées.

Elle constatera l'état de l'appareil moteur et celui du bateau ; elle se fera représenter le registre tenu par le mécanicien, et le registre destiné à recevoir les observations des passagers.

73. La commission adressera au préfet le procès-verbal de chacune de ses visites. Dans ce procès-verbal, elle consignera ses propositions sur les mesures à prendre si l'appareil moteur ou le bateau ne présentent plus de garanties suffisantes de sûreté.

74. Sur les propositions de la commission de surveillance, le préfet ordonnera, s'il y a lieu, la réparation ou le remplacement de toutes les pièces de l'appareil moteur ou du bateau, dont un plus long usage présenterait des dangers. Il pourra suspendre le permis de navigation jusqu'à l'entière exécution de ces mesures.

75. Dans tous les cas où, par suite d'inexécution des dispositions de la présente ordonnance, la sûreté publique serait compromise, le préfet suspendra et, au besoin, révoquera le permis de navigation.

76. Les maires, adjoints ou commissaires de police, les officiers de port ou inspecteurs de la navigation, exerceront une surveillance de police journalière sur les bateaux à vapeur, tant aux points de départ et d'arrivée qu'aux lieux de stationnement intermédiaires.

77. Les propriétaires de bateaux à vapeur seront tenus de recevoir à bord et de transporter gratuitement les inspecteurs de la navigation, gardes de rivières, ou autres agents qui seraient chargés spécialement de la police et de la surveillance de ces bateaux.

78. S'il était survenu des avaries de nature à compromettre la sûreté de la navigation, l'autorité chargée de la police locale pourra suspendre la marche du bateau ; elle devra sur-le-champ en informer le préfet.

En cas d'accident, elle se transportera immédiatement sur les lieux, et le procès-verbal qu'elle dressera de sa visite sera transmis au préfet, et, s'il y a lieu, au procureur du roi.

La commission de surveillance se rendra aussi sur les lieux sans délai, pour visiter les appareils moteurs, en constater l'état, et rechercher la cause de l'accident : elle adressera, sur le tout, un rapport au préfet.

TITRE VI. — DISPOSITIONS GÉNÉRALES.

79. Les machines et les chaudières à vapeur, employées à un usage quelconque sur les bateaux stationnaires, sont soumises à toutes les conditions de sûreté prescrites par la présente ordonnance.

80. Si, à raison du mode particulier de construction de certaines machines ou chaudières à vapeur, l'application, à ces machines ou chaudières, d'une partie des mesures de sûreté prescrites par la présente ordonnance devenait inutile, le préfet, sur le rapport de la commission de surveillance, déterminera les conditions auxquelles ces appareils seront autorisés. Dans ce cas, les permis de navigation ne seront délivrés par le préfet que lorsqu'ils auront reçu l'approbation du ministre des travaux publics.

81. Les propriétaires de bateaux à vapeur seront tenus d'adapter aux machines et chaudières employées dans ces bateaux les appareils de sûreté qui pourraient être découverts par la suite et qui seraient prescrits par des règlements d'administration publique.

82. Il sera publié, par notre ministre secrétaire d'Etat au département des travaux publics, une instruction sur les mesures de précaution habituelles à observer dans l'emploi des machines et des chaudières à vapeur établies sur des bateaux.

Cette instruction devra être affichée à demeure dans l'emplacement où se trouvent ces machines et chaudières.

83. La navigation et la surveillance des bateaux à vapeur de l'Etat sur les fleuves et rivières sont régies par des dispositions spéciales.

84. Les attributions données aux préfets des départements par la présente ordonnance seront exercées par le préfet de police dans toute l'étendue du département de la Seine, et dans les communes de Saint-Cloud, de Meudon et Sèvres, du département de Seine-et-Oise.

85. Les ordonnances royales des 2 avril 1823 et 25 mai 1828, concernant les bateaux à vapeur et les machines et les chaudières à vapeur employées sur les bateaux, sont rapportées.

503

17 janvier 1846 (9e série, n° 12,589).—*Ordonnance du roi relative aux bateaux à vapeur français qui naviguent sur mer.*

ART. 1er. La construction et l'emploi des bateaux à vapeur français qui naviguent sur mer sont assujettis aux dispositions suivantes.

TITRE Ier. — DES PERMIS DE NAVIGATION.

SECTION Ire. — *Formalités préliminaires.*

2. Aucun bateau à vapeur ne pourra naviguer sur mer sans un permis de navigation, et ce, indépendamment de l'exécution des conditions imposées à tous les navires de commerce français, tant par le Code de commerce que par les lois et règlements sur la navigation.

3. Toute demande en permis de navigation sera adressée par le propriétaire du bateau au préfet du département où se trouvera le port d'armement.

4. Dans sa demande, le propriétaire fera connaître :

1° Le nom du bateau ;

2° Ses principales dimensions, son tirant d'eau à vide et sa charge maximum, exprimée en tonneaux de mille kilogrammes ;

3° La force de l'appareil moteur, exprimée en chevaux, le cheval-vapeur étant la force capable d'élever un poids de soixante et quinze kilogrammes à un mètre de hauteur dans une seconde de temps ;

4° La pression, évaluée en nombre d'atmosphères, sous laquelle cet appareil fonctionnera ;

5° La forme de la chaudière ;

6° Le service auquel le bateau sera destiné ;

7° Le nombre maximum des passagers qui pourront être reçus dans le bateau.

Un dessin géométrique de la chaudière sera joint à la demande.

Cette demande sera renvoyée par le préfet à la commission de surveillance instituée conformément à l'art. 47 de la présente ordonnance.

SECTION II. —*Visites et essais des bateaux à vapeur.*

5. La commission de surveillance visitera le bateau à vapeur, à l'effet de s'assurer :

1° S'il est construit avec solidité, s'il réunit les conditions de stabilité nécessaires pour la navigation maritime, et si l'on a pris toutes les précautions requises pour le cas où il serait destiné à un service de passagers ;

2° Si l'appareil moteur a été soumis aux épreuves voulues, et s'il est pourvu des moyens de sûreté prescrits par la présente ordonnance ;

3° Si la chaudière, en raison de sa forme, du mode de jonction de ses diverses parties, de la nature des matériaux avec lesquels elle est construite, ne présente aucune cause particulière de danger ;

4° Si on a pris toutes les précautions nécessaires pour prévenir les chances d'incendie.

6. Après la visite, la commission assistera à un essai du bateau à vapeur. Elle vérifiera si l'appareil moteur a une force suffisante pour le service auquel ce bateau sera destiné, et elle constatera :

1° Le tirant d'eau du bateau ;

2° La vitesse du bateau dans les différentes circonstances de l'essai ;

3° Les divers degrés de tension de la vapeur dans l'appareil moteur, pendant la marche du bateau.

7. La commission dressera un procès-verbal de la visite et de l'essai du bateau à vapeur, et adressera ce procès-verbal au préfet du département.

8. Si la commission est d'avis que le permis de navigation peut être accordé, elle proposera les conditions auxquelles ce permis pourra être délivré ; elle indiquera notamment les agrès et instruments et le nombre des embarcations dont le bateau devra être pourvu.

Dans le cas contraire, elle exposera les motifs pour lesquels elle jugera qu'il est convenable de surseoir à la délivrance du permis ou même de le refuser.

SECTION III. — *Délivrance des permis de navigation*

9. Si, après avoir reçu le procès-verbal de la commission de surveillance, le préfet reconnaît que le propriétaire du bateau à vapeur a satisfait à toutes les conditions exigées par la présente ordonnance, il délivrera le permis de navigation.

10. Dans le permis de navigation seront énoncés :

1° Le nom du bateau et le nom du propriétaire ;

2° La hauteur de la ligne de flottaison, rapportée à des points de repère invariablement établis à l'avant, à l'arrière et au milieu du bateau ;

3° Le service auquel le bateau est destiné ;

4° Le nombre maximum des passagers qui pourront être reçus à bord ;

5° La tension maximum de la vapeur, exprimée en atmosphères et en fractions décimales d'atmosphères, sous laquelle l'appareil moteur pourra fonctionner ;

6° Les numéros des timbres dont les chaudières, tubes, bouilleurs, cylindres et enveloppes de cylindres auront été frappés, ainsi qu'il est prescrit à l'article 21 ;

7° Le diamètre des soupapes de sûreté et leur charge, telle qu'elle aura été réglée, conformément aux articles 26 et 27 ;

8° Le nombre des embarcations, ainsi que les agrès et instruments nécessaires à la navigation maritime, dont le bateau devra être pourvu.

Le préfet prescrira, en outre, dans le permis, toutes mesures d'ordre et de police locale nécessaires. Il enverra copie de son arrêté à notre ministre des travaux publics.

11. Si le préfet reconnaît, d'après le procès-verbal dressé par la commission de surveillance, qu'il y a lieu de surseoir à la délivrance du permis, ou même de le refuser, il notifiera sa décision au propriétaire du bateau, sauf recours devant notre ministre des travaux publics.

SECTION IV. *Des autorisations provisoires de navigation.*

12. Si le bateau a été muni de son appareil moteur dans un département autre que celui où il doit entrer en service, le propriétaire devra obtenir du préfet du premier de ces départements une autorisation provisoire de navigation, pour faire arriver le bateau au lieu de sa destination. La commission de surveillance sera consultée sur la demande.

SECTION V. — *Disposition transitoire.*

13. Il est accordé aux détenteurs actuels de permis de navigation un délai de trois mois, à dater de la présente ordonnance, pour se conformer aux dispositions qui précèdent, et demander un nouveau permis, qui leur sera délivré, s'il y a lieu, par l'autorité compétente. Passé ce délai, les anciens permis de navigation seront considérés comme non avenus.

TITRE II. — DES MACHINES A VAPEUR SERVANT DE MOTEURS AUX BATEAUX.

SECTION Ire. — *Dispositions relatives à la fabrication et au commerce des machines employées sur les bateaux.*

14. Aucune machine à vapeur destinée à un service de navigation ne pourra être livrée par un fabricant, si elle n'a subi les épreuves prescrites ci-après.

15 Les épreuves seront faites à la fabrique, par ordre du préfet, sur la déclaration du fabricant.

16. Les machines venant de l'étranger devront être pourvues des mêmes appareils de sûreté que les machines d'origine française, et subir les mêmes épreuves. Ces épreuves seront faites au lieu désigné par le destinataire dans la déclaration qu'il devra faire à l'importation.

SECTION II.—*Epreuves des chaudières et des autres pièces contenant la vapeur.*

17. Les chaudières à vapeur, leurs tubes bouilleurs et les réservoirs à vapeur, les cylindres en fonte des machines à vapeur et les enveloppes en fonte de ces cylindres, ne pourront, sauf l'exception portée à l'art. 25, être établis à bord des bateaux sans avoir été préalablement soumis, par les ingénieurs des mines ou, à leur défaut, par les ingénieurs des ponts et chaussées, à une épreuve opérée à l'aide d'une pompe de pression.

L'usage des chaudières et des tubes bouilleurs en fonte est prohibé dans les bateaux à vapeur.

18. La pression d'épreuve prescrite par l'article précédent sera triple de la pression effective, ou, autrement, de la plus grande tension que la vapeur pourra avoir dans les chaudières, leurs tubes bouilleurs et autres pièces contenant la vapeur, diminuée de la pression extérieure de l'atmosphère.

19. On procédera aux épreuves en chargeant les soupapes de sûreté des chaudières de poids proportionnels à la pression effective, et déterminés suivant la règle indiquée à l'art. 28.

A l'égard des autres pièces, la charge d'épreuve sera appliquée sur la soupape de la pompe de pression.

20. L'épaisseur des parois des chaudières cylindriques, en tôle et en cuivre laminé, sera réglée conformément à la table n° 1, annexée à la présente ordonnance.

L'épaisseur de celles de ces chaudières, qui, par leurs dimensions et par la pression de la vapeur, ne se trouveraient pas comprises dans la table, sera déterminée d'après la règle énoncée à la suite de ladite table ; toutefois cette épaisseur ne pourra dépasser quinze millimètres.

Les épaisseurs de la tôle devront être augmentées s'il s'agit de chaudières formées, en partie ou en totalité, de faces planes ou bien de conduits intérieurs, cylindriques ou autres, traversant l'eau ou la vapeur, et servant soit de foyers, soit à la circulation de la flamme. Ces chaudières et conduits devront, de plus, être, suivant les cas, renforcés par des armatures suffisantes.

21. Après qu'il aura été constaté que les parois des chaudières ont les épaisseurs voulues, et après l'épreuve on appliquera aux chaudières, à leurs tubes bouilleurs et aux réservoirs de vapeur, aux cylindres en fonte des machines à vapeur et aux enveloppes en fonte de ces cylindres, des timbres indiquant, en nombre d'atmosphères, le degré de tension intérieure que la vapeur ne devra pas dépasser. Ces timbres seront placés de manière qu'ils soient toujours apparents.

22. L'épreuve sera renouvelée après l'installation de la machine dans le bateau, 1° si le propriétaire la réclame ; 2° s'il y a eu, pendant le transport ou lors de la mise en place, quelques avaries ; 3° s'il a été fait à la chaudière des modifications ou réparations quelconques depuis la première épreuve ; 4° si la commission de surveillance le juge utile.

23. Les chaudières à vapeur, leurs tubes bouilleurs et autres pièces contenant la vapeur, devront être éprouvés de nouveau toutes les fois qu'il sera jugé nécessaire par les commissions de surveillance.

Quand il aura été fait aux chaudières et autres pièces des changements ou réparations notables, les propriétaires des bateaux à vapeur seront tenus d'en donner connaissance au préfet. Il sera nécessairement procédé, dans ce cas à de nouvelles épreuves.

24. L'appareil et la main-d'œuvre nécessaires pour les épreuves seront fournis par les propriétaires des machines et des chaudières à vapeur.

25. Les chaudières qui auront des faces planes seront dispensées de l'épreuve, mais sous la condition que la force élastique ou la tension de la vapeur ne devra pas s'élever dans l'intérieur des chaudières, à plus d'une atmosphère et demie.

SECTION III. — *Des appareils de sûreté dont les chaudières à vapeur doivent être munies.*

§ 1er. — *Des soupapes de sûreté.*

26. Il sera adapté à la partie supérieure de chaque chaudière deux soupapes de sûreté. Ces soupapes seront placées vers chaque extrémité de la chaudière, et à la plus grande distance possible l'une de l'autre.

Le diamètre des orifices de ces soupapes sera réglé d'après la surface de chauffe de la chaudière et la tension de la vapeur dans son intérieur, conformément à la table n° 2 annexée à la présente ordonnance.

27. Chaque soupape sera chargée d'un poids unique, agissant soit directement, soit par l'intermédiaire d'un levier.

Chaque poids recevra l'empreinte d'un poinçon, apposée par la commission de surveillance. Les leviers seront également poinçonnés, s'il en est fait usage. La quotité du poids et la longueur du levier seront énoncées dans le permis de navigation.

28. La charge maximum de chaque soupape de sûreté sera déterminée en multipliant un kilogramme trente-trois milligrammes par le nombre d'atmosphères mesurant la pression effective, et par le nombre de centimètres carrés mesurant l'orifice de la soupape.

La largeur de la surface annulaire de recouvrement ne devra pas dépasser la trentième partie du diamètre de la surface circulaire exposée directement à la pression de la vapeur, et cette largeur, dans aucun cas, ne devra excéder deux millimètres.

29. Il sera, de plus, adapté à la partie supérieure des chaudières à faces planes, dont il est fait mention à l'article 25, une soupape atmosphérique, c'est-à-dire ouvrant du dehors au dedans.

§ 2. — *Des manomètres.*

30. Chaque chaudière sera munie d'un manomètre à mercure, gradué en atmosphères et en fractions décimales d'atmosphères, de manière à faire connaître immédiatement la tension de la vapeur dans la chaudière.

Le tuyau qui amènera la vapeur au manomètre sera adapté directement sur la chaudière, et non sur le tuyau de prise de vapeur ou sur tout autre tuyau dans lequel la vapeur serait en mouvement.

Le manomètre sera placé en vue du chauffeur.

31. On fera usage du manomètre à air libre, c'est-à-dire ouvert à sa partie supérieure, toutes les fois que la pression effective de la vapeur ne dépassera pas deux atmosphères.

32. On tracera sur l'échelle de chaque manomètre, d'une manière très-apparente, une ligne qui répondra au numéro de cette échelle que le mercure ne devra pas habituellement dépasser.

§ 3. — *De l'alimentation et des indicateurs du niveau de l'eau dans les chaudières.*

33. Chaque chaudière sera munie d'une pompe alimentaire, bien construite et en bon état d'entretien.

Indépendamment de cette pompe, mise en mouvement par la machine motrice du bateau, chaque chaudière sera pourvue d'une autre pompe pouvant fonctionner, soit à l'aide d'une machine particulière, soit à bras d'homme, et destinée à alimenter la chaudière, s'il en est besoin, lorsque la machine motrice du bateau ne fonctionnera pas.

34. Le niveau que l'eau doit avoir habituellement dans la chaudière sera indiqué, à l'extérieur, par une ligne tracée d'une manière très-apparente sur le corps de la chaudière ou sur le parement du fourneau.

Cette ligne sera d'un décimètre au moins au-dessus de la partie la plus élevée des carneaux, tubes ou conduits de la flamme et de la fumée dans le fourneau.

35. Il sera adapté à chaque chaudière, 1° deux tubes indicateurs en verre, qui seront placés un à chaque côté de la face antérieure de la chaudière ; 2° l'un des deux appareils suivants, savoir : un flotteur d'une mobilité suffisante ; des robinets indicateurs convenablement placés à des niveaux différents. Les appareils indicateurs seront, dans tous les cas disposés de manière à être en vue du chauffeur.

Section IV. — *Des chaudières multiples.*

36. Si plusieurs chaudières sont établies dans un bateau, elles ne pourront être mises en communication que par les parties toujours occupées par la vapeur, et cette communication sera disposée de manière que les chaudières puissent, au besoin, être rendues indépendantes les unes des autres.

Dans tous les cas, chaque chaudière sera alimentée séparément, et devra être munie de tous les appareils de sûreté prescrits par la présente ordonnance.

Section V. — *De l'emplacement des appareils moteurs.*

37. L'emplacement des appareils moteurs devra être assez grand pour qu'on puisse facilement faire le service des chaudières et visiter toutes les parties des appareils.

Cet emplacement sera séparé des salles des passagers par des cloisons en planches, très-solidement construites et entièrement revêtues d'une doublure en feuilles de tôle à recouvrement, d'un millimètre d'épaisseur au moins.

TITRE III. — Des équipages et du service des bateaux a vapeur.

38. Indépendamment du capitaine, maître ou timonier, et des matelots formant l'équipage, il y aura à bord de chaque bateau au moins un mécanicien, et autant de chauffeurs que le service de l'appareil moteur l'exigera.

39. Le capitaine, indépendamment du brevet, soit de capitaine au long cours, soit de maître au cabotage, dont il devra être pourvu, en raison de la destination du bâtiment, devra, conformément au mode qui sera déterminé par notre ministre des travaux publics, justifier qu'il possède les connaissances nécessaires pour diriger la marche d'un bâtiment à vapeur et surveiller les opérations du mécanicien.

40 Nul ne pourra être employé en qualité de mécanicien, s'il ne produit des certificats de capacité délivrés dans les formes qui seront déterminées par notre ministre des travaux publics.

41. Le mécanicien, sous l'autorité du capitaine, présidera à la mise en feu avant le départ ; il entretiendra toutes les parties de l'appareil moteur ; il s'assurera qu'elles fonctionnent bien, et que les chauffeurs sont en état de bien faire le service. Pendant le voyage, il dirigera les chauffeurs, et s'occupera constamment de la conduite de la machine.

42. Le capitaine inscrira sur le journal de bord toutes les circonstances relatives à la marche de l'appareil moteur qui seront dignes de remarque.

43. Il est défendu aux propriétaires de bateaux à vapeur et à leurs agents de faire fonctionner les appareils moteurs sous une pression supérieure à la pression déterminée dans le permis de navigation, et de rien faire qui puisse détruire ou diminuer l'efficacité des moyens de sûreté dont ces appareils seront pourvus.

44. Il est interdit de laisser aucun passager s'introduire dans l'emplacement de l'appareil moteur.

45. Il sera ouvert dans chaque bateau un registre dont toutes les pages seront cotées et paraphées par le maire de la commune où est situé le port d'armement, et sur lequel les passagers auront la faculté de consigner leurs observations, en ce qui pourrait concerner le départ, la marche du bateau, les avaries ou accidents quelconques, et la conduite de l'équipage ; ces observations devront être signées par les passagers qui les auront faites. Le capitaine pourra également consigner sur ce registre les observations qu'il jugerait convenables ainsi que tous les faits qu'il lui paraîtrait important de faire attester par les passagers.

46. Dans chaque salle où se tiennent les passagers, il sera affiché une copie du permis de navigation et un tableau indiquant :

1° La durée moyenne des voyages ;

2° La durée des relâches ;

3° Le nombre maximum des passagers ;

4° La faculté qu'ils ont de consigner leurs observations sur le registre ouvert à cet effet ;

5° Le tarif des places.

TITRE IV. — De la surveillance administrative des bateaux a vapeur.

47. Une commission de surveillance sera instituée, par le préfet du département, dans chaque port où la navigation à vapeur est en usage.

Les ingénieurs des mines et les ingénieurs des ponts et chaussées en résidence dans les ports, les officiers du génie maritime, le commissaire ou préposé à l'inscription maritime, et le capitaine, lieutenant ou maître de port résidant sur les lieux, feront nécessairement partie de ces commissions.

48. Les commissions de surveillance, indépendamment des fonctions qui leur sont attribuées par les articles 5, 6, 7 et 8 ci-dessus, visiteront les bateaux à vapeur au moins tous les trois mois, et chaque fois que le préfet le jugera convenable.

Les membres de ces commissions pourront, en outre, faire individuellement des visites plus fréquentes.

49. La commission de surveillance s'assurera, dans ses visites, que les mesures prescrites par la présente ordonnance et par le permis de navigation sont exécutées.

Elle constatera l'effet de l'appareil moteur et celui du bateau ; elle se fera représenter le journal de bord et le registre destiné à recevoir les observations des passagers.

50. La commission adressera au préfet le procès-verbal de chacune de ces visites. Dans ce procès-verbal, elle consignera ses propositions sur les mesures à prendre si l'appareil moteur ou le bateau ne présente plus des garanties suffisantes de sûreté.

51. Sur les propositions de la commission de surveillance, le préfet ordonnera, s'il y a lieu, la réparation ou le remplacement de toutes les pièces de l'appareil moteur ou du bateau dont un plus long usage présenterait des dangers. Il pourra suspendre le permis de navigation jusqu'à l'entière exécution de ces mesures ; il révoquera le permis, si la machine ou le bateau sont déclarés hors de service par la commission.

52. Dans tous les autres cas où, par suite de l'inexécution des dispositions de la présente ordonnance, a sûreté publique serait compromise, le préfet suspendra, et, au besoin, révoquera le permis de navigation.

53. Les préfets prescriront, dans chaque port de commerce, les dispositions nécessaires pour éviter les accidents auxquels le stationnement, le départ et l'arrivée des bateaux à vapeur pourraient donner lieu. Dans les ports militaires, il sera pourvu à ces dispositions par les préfets maritimes.

54. Les maires, adjoints ou commissaires de police, les officiers et maîtres de port, les inspecteurs de la navigation exerceront une surveillance de police journalière sur les bateaux, tant aux points de départ et d'arrivée qu'aux lieux de relâche intermédiaires.

55. Si, avant le départ ou après l'arrivée, il était survenu des avaries de nature à compromettre la sûreté de la navigation, l'autorité chargée de la police locale pourra suspendre la marche du bateau ; elle devra sur-le-champ en informer le préfet.

En cas d'accident elle se transportera immédiatement sur les lieux, et le procès-verbal qu'elle dressera de sa visite sera transmis au préfet, et, s'il y a lieu, au procureur du roi.

La commission de surveillance se rendra aussi sur les lieux sans délai, pour visiter les appareils moteurs, en constater l'état et rechercher la cause de l'accident ; elle adressera sur le tout un rapport au préfet.

56. Dans chaque port des colonies françaises, la surveillance dont les articles ci-dessus font mention sera exercée par une commission spéciale, nommée à cet effet par le gouverneur ou le commandant de la colonie.

57. La même surveillance sera exercée dans les ports étrangers par les soins des consuls et agents consulaires français, assistés de tels hommes de l'art qu'ils jugeront à propos de désigner. Le capitaine devra représenter au consul, en même temps qu'il lui fera le rapport exigé par l'article 244 (1) du Code de commerce, le permis de navigation qui lui aura été délivré.

Les hommes de l'art qui seront chargés, dans les ports étrangers, de procéder aux visites et vérifications prescrites par la présente ordonnance, recevront des frais de vacation. Les dispositions qu'il serait nécessaire d'ajouter, à cet égard, au tarif des chancelleries, fixé par notre ordonnance du 6 novembre 1842, seront, pour chaque port, arrêtées par notre ministre des affaires étrangères, sur la proposition du consul, conformément à l'article 3 de ladite ordonnance.

TITRE VI. — Dispositions générales.

58. Si, à raison du mode particulier de construction de certaines machines ou chaudières à vapeur, l'application à ces machines ou chaudières d'une partie des mesures de sûreté prescrites par la présente ordonnance devenait inutile, le préfet, sur le rapport de la commission de surveillance, déterminera les conditions sous lesquelles ces appareils seront autorisés. Dans ce cas, les permis de navigation ne seront délivrés par le préfet que lorsqu'ils auront reçu l'approbation du ministre des travaux publics.

59. Les propriétaires des bateaux à vapeur seront tenus d'adapter aux machines et chaudières employées dans ces bateaux les appareils de sûreté qui pourraient être découverts dans la suite, et qui seraient prescrits par des règlements d'administration publique.

60. Il sera publié par notre ministre secrétaire d'État au département des travaux publics une instruction sur les mesures de précaution habituelles à observer dans l'emploi des machines et des chaudières à vapeur établies sur des bateaux.

Cette instruction devra être affichée à demeure dans l'emplacement où se trouvent ces machines et chaudières.

61. La navigation et la surveillance des bateaux à vapeur de l'État sont régies par des dispositions spéciales.

62. Les ordonnances royales des 2 avril 1823 et 25 mai 1828, concernant les bateaux à vapeur et les machines et les chaudières à vapeur employées sur les bateaux, sont rapportées.

(1) V. 3e partie, p. 18.

TABLE CHRONOLOGIQUE.

Supplément. — Année 1863.

DATES.	TITRES DES LOIS.	Nos du Supplément.
	1789	
14 déc.	L. sur la constitution des municipalités.	501
	1843	
23 mai.	O. sur les bateaux à vapeur naviguant sur les fleuves et rivières (prom. le 24 août 1843).	502
	1846	
17 janv.	O. sur les bateaux à vapeur naviguant sur mer (prom. le 2 fév. 1846).	503
	1862	
21 juin.	D. sur la comptabilité des chancelleries diplomatiques et consulaires (prom. le 4 nov. 1862).	446
22 —	D. soumettant à une taxe les recouvrements de créances ou successions opérées par les chancelleries diplomatiques (prom. le 4 nov. 1862)	447
28 août.	D. concernant les actes authentiques et les scellés à la Guyane (prom. le 13 oct. 1862).	448
28 —	D. sur la transcription en matière hypothécaire au Sénégal, dans l'Inde, etc. (prom. le 13 oct. 1862).	449
29 —	D. sur l'organisation du culte israélite (prom. le 14 nov. 1862).	450
1er sept.	D. relatif au service de surveillance des chemins de fer (prom. le 17 sept. 1862).	451
2 —	D. appliquant aux colonies l'art. 1er de la loi du 26 mars 1855, sur la contrainte par corps (prom. le 13 oct. 1862).	452
2 —	D. appliquant aux colonies l'ordonnance du 16 mai 1835, sur les appels relatifs aux séparations de corps (prom. le 13 oct. 1862).	453
15 —	D. relatif à l'établissement des parquets pour la négociation des effets publics (prom. le 7 oct. 1862).	454
22 sept.	D. augmentant divers traitements dans l'ordre judiciaire (prom. le 2 oct. 1862).	455
24 —	D. promulguant la convention littéraire conclue, le 29 juin 1862, entre la France et l'Italie (prom. le 30 sept. 1862).	456
24 —	D. promulguant la convention consulaire conclue, le 26 juillet 1862, entre la France et l'Italie (prom. le 1er oct. 1862).	457
1er octob.	D. sur les agents de change (prom. le 28 oct. 1862). .	458
7 —	D. sur le timbre au Sénégal (prom. le 28 oct. 1862). .	459
7 —	D. sur le tarif des chancelleries consulaires (prom. le 4 nov. 1862).	460
25 —	D. sur les mesures de précaution à prendre en mer pour éviter les abordages (prom. le 2 fév. 1863).	461
29 —	D. sur les timbres mobiles établis par les art. 24 et 25 de la loi du 2 juill. 1862 (prom. le 10 déc. 1862)	462
3 nov.	D. relatif aux commandements d'artillerie dans les divisions militaires territoriales (prom. le 24 nov. 1862).	463
15 —	D. créant à Brest un établissement des pupilles de la marine (prom. le 30 avr. 1863).	464
8 déc.	D. concernant les allocations aux greffiers et huissiers, pour remboursement de papier timbré (prom. le 10 déc. 1862).	465
13 —	D. sur le tarif des frais de justice à Lille et à Nantes (prom. le 16 déc. 1862). .	466
13 —	D. relatif à l'exercice des fabriques de soude (prom. le 18 déc. 1862).	467
30 —	D. sur la publicité des audiences des conseils de préfecture (prom. le 12 janv. 1863).	468

DATES.	TITRES DES LOIS.	Nos du Supplément.
	1863	
11 **février.**	D. sur le timbre et l'enregistrement au Sénégal (prom. le 23 mars 1863).	469
28 —	D. instituant le titre de préfet honoraire (prom. le 23 mars 1863).	470
7 **mars.**	D. appliquant à la Guadeloupe, à la Martinique et à la Réunion, la loi du 6 décembre 1850, sur le désaveu de paternité (prom. le 12 mars 1863).	471
7 —	D. comprenant les fils et tissus de coton au tableau des marchandises qui peuvent être vendues en gros aux enchères publiques (prom. le 16 mars 1863)	472
7 —	D. appliquant aux colonies la loi du 21 mai 1858 sur la saisie immobilière et l'ordre (prom. le 15 avril 1863).	473
7 —	D. appliquant aux colonies la loi du 2 mai 1861 relative à la légalisation, par les juges de paix, des signatures des notaires et des officiers de l'état civil (prom. le 15 avr. 1863).	474
17 —	D. relatif au conseil de préfecture de la Seine (prom. le 17 avril 1863).	475
1er **avril.**	D. relatif à l'organisation judiciaire du Sénégal (prom. le 30 avril 1863).	476
8 —	D. appliquant à toutes les colonies la loi du 6 décembre 1850 sur le désaveu de paternité (prom. le 7 mai 1863).	477
8 —	D. relatif à l'établissement des pupilles de la marine (prom. le 30 avril 1863).	478
14 —	D. Traité de commerce et d'amitié avec Madagascar (prom. le 17 avril 1863).	479
22 —	S. C. relatif à la constitution de la propriété en Algérie dans les territoires occupés par les Arabes (prom. le 25 avril 1863).	480
22 —	D. modifiant, pour la Martinique et la Guadeloupe, divers délais en matière civile et commerciale (prom. le 13 juin 1863).	481
22 —	D. modifiant, pour la Réunion, divers délais en matière civile et commerciale (prom. le 13 juin 1863).	482
6 **mai.**	L. modifiant les art. 27 et 28 du Code de commerce (prom. le 9 mai 1863).	483
	1863	
6 —	L. sur la composition de la 1re section du cadre de l'état-major général de l'armée navale (prom. le 9 mai 1863).	484
9 **mai.**	L. dérogeant à l'art. 429, § 1, et à l'art. 431 du Code d'instruction criminelle en Algérie (prom. le 13 mai 1863.	485
9 —	L. établissant une taxe supplémentaire sur les lettres expédiées après les dernières levées (prom. le 13 mai 1863).	486
13 —	L. de finances (prom. le 19 mai 1863).	487
13 —	D. appliquant en Algérie les décrets des 30 juillet et 8 décembre 1862 sur les copies des exploits (prom. le 19 mai 1863).	488
13 —	L. modifiant plusieurs dispositions du Code pénal (prom. le 1er juin 1863).	489
16 —	D. fixant les délais de dépôt des lettres après les levées générales et moyennant une taxe supplémentaire (prom. le 20 mai 1863).	490
16 —	L. sur les douanes (prom. le 25 mai 1863).	491
20 —	L. sur l'instruction des flagrants délits devant les tribunaux correctionnels (prom. le 1er juin 1863).	492
23 —	L. sur les Sociétés à responsabilité limitée (prom. le 29 mai 1863).	493
23 —	L. modifiant le titre VI du livre 1er du Code de commerce (prom. le 29 mai 1863). .	494
23 —	D. Règlement d'administration publique sur la constitution de la propriété en Algérie dans les territoires occupés par les Arabes (prom. le 7 juill. 1863).	495
27 —	D. sur la taxe des dépêches télégraphiques (prom. le 3 juin 1863).	496
30 —	D. Traité avec le Paraguay (prom. le 3 juin 1863) .	497
30 —	D. sur les ventes publiques de marchandises en gros (prom. le 18 juin 1863).	498
6 **juin.**	D. sur les ventes publiques de marchandises en gros, autorisées ou ordonnées par la justice consulaire (prom. le 18 juin 1863)	499
26 —	D. Convention additionnelle au traité de commerce et de navigation du 1er mai 1861 avec la Belgique (prom. le 3 juill. 1863).	500

FIN DE LA TABLE CHRONOLOGIQUE DU SUPPLÉMENT DE 1863.

Pages.
147. En marge du décret du 24 août 1848, *inscrire*. . . . . . S. n°s 486, 490.
150. En marge du décret du 27 déc. 1851, *inscrire*. . . . . . S. n° 496.

5e partie.

192. Au bas de la section, *inscrire*.. . . . . . S. n°s 254, art. 18, et 487, art. 5.
363. En marge de l'art. 3 de la loi du 17 juin 1841, *inscrire*. . . S. n° 484.
366. Au bas de la section, *inscrire*. . . . . S. n°s 463, 464, 478, 484.
429. En marge du titre de la loi du 16 juin 1851, *inscrire*.. . . . S. n°s 480, 495.
430. En marge de l'art. 14. §§ 2 et 3, de la loi du 16 juin 1851, *inscrire*. S. n° 480, art. 6.
438. Au bas de la section, *inscrire*. S. n°s 448, 449, 452, 453, 459, 469, 471, 473, 474, 476, 477, 480, 481, 482, 485, 488, 495.

Supplément de 1856.

2. En marge du décret du 22 fev. 1855, *inscrire*. . . . . . S. n° 451.

Supplément de 1858.

13. En marge de la loi du 28 mai 1858 (n° 109), *inscrire*. . . . S. n° 498.

Supplément de 1859.

14. En marge des art. 20, 21, 23 et 25 du déc. du 12 mars 1859, *inscrire*. S. n° 498.

Supplément de 1860.

20. En marge de l'art. 1er de la loi du 6 juill. 1860 (n° 244), *inscrire*. S. n° 484.

Supplément de 1861.

25. En marge du décret du 27 mai 1861, *inscrire*. . . . . . S. n° 500.
29. En marge du titre de la loi du 3 juill. 1861 (n° 374), *inscrire*. S. n° 499.

Supplément de 1862.

9. En marge du titre du décret du 31 mai 1862, *inscrire*. . . S. n° 446.
22. En marge de l'art. 16 de la loi du 2 juill. 1862, *inscrire*. . . S. n° 467.
23. En marge des art. 24 et 25 de la loi du 2 juill. 1862 (n° 424), *inscrire*. S. n° 462.

Table chronologique.

2. En marge de la loi de décembre 1789, sur les municipalités, *inscrire*. S. n° 501.
15. Entre l'ordonnance du 22 mai et la loi du 18 juin 1843, en marge, *inscrire*.. . . . . S. n° 502.
16. En marge, avant l'ordonnance du 18 janv. 1846, *inscrire*. . . S. n° 503.
32. (Suppl. de 1862). Entre le décret du 18 juin et la loi du 22 juin 1862, en marge, *inscrire*. . . . . S. n°s 446, 447.

Table alphabétique.

1. En marge du mot Abordage, *inscrire*. . . . . S. n° 461.
3. En marge du mot Agents et en face des mots de Change, *inscrire*. S. n°s 425, 428, 454, 458.
3. En marge du mot Algérie, *inscrire*. . . . . S. n°s 480, 495.
5. En marge du mot Armée, *inscrire*. . . . . S. n°s 463, 484.
8. En marge du mot Belgique, *inscrire*. . . . . S. n° 500.
13. En marge des mots Chancelleries consulaires, *inscrire*. . . S. n° 446, 447, 460.
13. En marge du mot Chemins et en face des mots De fer, *inscrire*. . S. n° 451.
15. En marge des mots Commandite (société en), *inscrire*. . . . S. n° 483.
16. En marge du mot Commissionnaires, *inscrire*. . . . . . S. n° 494.
19. En marge du mot Conseil et en face des mots De préfecture, *inscrire*. S. n°s 468, 475.
29. En marge du mot Culte et en face du mot Israélite, *inscrire*. . S. n° 450.
21. En marge des mots Contributions directes et en face du mot Patentes, *inscrire*.. . . . . S. n° 487, art. 3.
53. En marge des mots Flagrant délit, *inscrire*. . . . . . . S. n° 492.
56. En marge du mot Gage, *inscrire*. . . . . S. n° 494.
68. En marge du mot Lettres et en face du mot Taxe, *inscrire*. . S. n°s 486, 490.
70. En marge des mots Machines à vapeur, *inscrire*.. . . . . S. n°s 502, 503.
99. En marge du mot Sardaigne, *inscrire*. . . . . S. n°s 456, 457.
101. En marge du mot Société, *inscrire*. . . . . S. n° 493.
104. En marge du mot Télégraphe et en face du mot Électrique, *inscrire*. S. n° 496.
105. En marge du mot Timbre et en face des mots De dimension, *inscrire*. S. n°s 424, art. 24 et 462.
106. En marge du mot Traitements et en face des mots Des membres de la magistrature, *inscrire*. . . . . S. n° 455.
106. En marge du mot Traités et en face des mots De commerce, *inscrire*. S. n°s 479, 497.
106. En marge du mot Transit, *inscrire*. . . . . S. n° 491.
110. En marge du mot Ventes et en face des mots Publiques de marchandises par les courtiers de commerce, *inscrire*.. . S. n°s 109, 156, 498, 499.
112. En marge du mot Warrant, *inscrire*. . . . . S. n°s 424, art. 25, et 462, art. 3.

N. B. Dans les annotations du Supplément de 1862, l'annotation suivante : 2e partie, p. 336, En marge de l'art. 72, 2°, du décret du 16 fév. 1807, *inscrire*: S. n° 436, doit être annulée.

Paris.—Imprimerie de Cosse et J. Dumaine, rue Christine, 2.

www.ingramcontent.com/pod-product-compliance
Lightning Source LLC
LaVergne TN
LVHW010008230826
846092LV00002B/712